Fondamenti di fede cristiana

Stephen S. White
Traduzione di Maria Del Rosso

Casa Editrice Nazarena

Copertina di Jean Carlos Lourenci

ISBN 978-1-56344-777-8

Questo libro è stato originariamente pubblicato in inglese con il titolo *Essential Christian Beliefs*. Copyright © 1956 da Beacon Hill Press of Kansas City (una divisione di Nazarene Publishing House, Missouri (USA).

Questa traduzione italiana è stata pubblicata con il permesso di Nazarene Publishing House.

Copyright © 2013, Casa Editrice Nazarena

REV 14.1

Sommario

Premessa 5

Dio 7

L'uomo 31

La Persona di Cristo 47

Lo Spirito Santo 67

La Bibbia 89

Il Futuro 107

Premessa

Il termine teologia fu usato la prima volta da Platone. Con esso si indica un discorso o uno studio avente per soggetto Dio. Dal punto di vista cristiano indica, in senso più ristretto, la dottrina di Dio. In senso più vasto, questo termine include l'intero campo di studio della dottrina cristiana. Poiché la dottrina di Dio è, per molte ragioni, il fondamento della fede cristiana, il termine teologia è stato assunto per indicare tutte le dottrine della chiesa cristiana. Il cristianesimo con tale termine indica oltre che quella di Dio, la conoscenza dell'uomo, di Cristo, dello Spirito Santo operante, della Bibbia, del futuro.

Il presente studio tratta della teologia in questo senso ed inizia con l'esame della dottrina di Dio.

CAPITOLO UNO

Dio

L'Esistenza di Dio

La Bibbia non cerca di dimostrare l'esistenza di Dio poiché, in essa, è ritenuta scontata. Nondimeno alcuni pensatori cristiani hanno sviluppato varie argomentazioni per dimostrarla. Da cristiani, per essere in grado di rendere ragione della nostra fede, è utile conoscere alcune di queste prove.

Queste sono tutte basate sullo stesso principio generale, cioè risalgono dall'effetto alla causa. Il ragionamento può essere illustrato come segue: —se voi domandate come è stato rotto un arbusto nel giardino di fronte, sarete soddisfatti se vi diranno che è stato un bambino. Riterrete che la causa menzionata è sufficiente per darvi la spiegazione della sua rottura. D'altra parte se domandate come è stato immediatamente abbattuto un grande albero, non accetterete la spiegazione che è stato compiuto da un bambino di dieci anni, perché, in questo caso, la causa non è adeguata all'effetto. Ma sareste soddisfatti nell'apprendere che è stato un uragano che ha abbattuto l'albero. Una tale spiegazione non verrà messa in dubbio perché vi renderete subito conto che la causa è adeguata all'effetto. Quanto è grande l'effetto che noi ci apprestiamo ad esaminare: la creazione del mondo, l'universo fisico e le creature viventi quali le piante, gli animali, e l'uomo! Nessuno può negare l'esistenza di queste cose, esse esistono e la loro origine non può essere casuale ma sono l'effetto di una causa prima.

Per esempio *esaminiamo l'universo fisico;* non possiamo non riconoscere la sua esistenza e dobbiamo ricercarne una causa adeguata. L'uomo non può essere la causa di alcuna cosa fisica esistente (come, per esempio, alcun oggetto che si trovi dentro una automobile è una creazione, ma una raccolta di oggetti esistenti). Ne consegue che qualcuno al di sopra dell'uomo deve avere prodotto l'esistenza dell'universo fisico.

Non soltanto si deve dare una spiegazione dell'esistenza dell'universo, ma anche della sua immensità. Da quanto ci dicono gli astronomi, l'esistenza dell'universo supera l'immaginazione umana; basti una illustrazione. La nostra via lattea, il gruppo dei corpi celesti al quale appartiene il nostro sistema solare, può contenere persino cento miliardi di stelle, alcune delle quali sono più piccole del nostro sole, altre più grandi. Ma questo non è tutto. Gli astronomi dicono che ci sono almeno un miliardo di vie lattee simili alla nostra. Siamo, allora, costretti a trovare una *causa sufficiente,* non solo per l'esistenza, ma anche per la dimensione di questo universo del quale noi facciamo parte. Se l'uomo non è in grado di creare nemmeno una minima parte dell'universo fisico, quanto più grande dell'uomo deve essere il creatore o la causa di questo incommensurabile effetto!

Un altro elemento che troviamo nell'universo è *l'ordine.* Il sole, le stelle, hanno orbite ben definite ed essi si muovono in questo ordine sempre nello stesso modo ed alla stessa velocità. Un treno può arrivare in ritardo, ma questo per i corpi celesti non avviene mai. Il ritorno di una cometa può essere predetto molti anni prima del suo arrivo. Il creatore dell'universo fisico deve essere una *causa adeguata* non solo nei riguardi della

CAPITOLO UNO: DIO

vastità dell'universo, ma anche per il suo ordine meraviglioso e preciso.

Inoltre l'universo fisico manifesta un'altra sua meravigliosa caratteristica, cioè il suo *scopo o finalità*. Non lo notiamo in ogni cosa? Vi sono pesci con le pinne adatte al nuoto e vi è l'acqua nella quale possono nuotare; esistono gli occhi per vedere e vi sono molte cose che possono essere viste; vi sono orecchie per udire esiste la musica per essere ascoltata; vi sono piedi per camminare ed un terreno sopra il quale essi possono esercitarsi nel camminare. La causa di questo universo che è vasto ed ordinato ha altresì uno scopo. Un essere causale non potrebbe aver creato tutto, se non fosse stato capace di un'azione finalizzata, per cui non può essere altro che un essere personale. Inoltre deve essere dotato di intelligenza e di una potenza sovrumana perché, altrimenti, non sarebbe una causa sufficiente per un grande effetto.

Finora abbiamo preso in considerazione il solo universo fisico; questo non è che una parte di ciò che esiste e, dal punto di vista dell'altra parte, il più insignificante. Ci riferiamo *all'universo animato* del quale l'uomo è il massimo esponente. Quale parte più elevata dell'universo animato, l'uomo incorpora in sé stesso tutti i tratti delle creature a lui inferiori oltre quelli che sono a lui particolari.

Dobbiamo ora cercare una causa che sia sufficiente per quest'ultimo; ciò facendo troveremo di conseguenza una causa che sia adeguata per tutti gli altri esseri viventi. Se l'uomo non può creare le cose inanimate, tanto meno può dare l'esistenza a quelle animate; solo un essere più grande dell'uomo può aver creato l'uomo. Deve esservi una causa efficiente a produrre l'esistenza e la complessità dell'organismo fisico dell'uomo.

Lo stesso dicasi per *l'ordine e la finalità* che si trovano nella sua struttura fisiologica. Inoltre precedendo nella ricerca si trova che l'uomo è una creatura fornita di sensibilità ed intelligenza. Anche per queste qualità deve essere data una spiegazione sufficiente. Si aggiungano a queste caratteristiche le supreme doti della personalità umana, la sua moralità, la sua religione e così facendo si sono considerati tutti gli attributi personali dell'uomo. La causa dell'uomo deve essere adeguata a queste qualità. La sola conclusione razionale quindi è che l'origine dell'uomo si trova in una persona superiore che è onnipotente, onnisciente e perfetta. Soltanto una persona con tali attributi può avere creato l'uomo con il suo meraviglioso organismo fisico, le sue capacità intellettuali e le sue facoltà morali e religiose.

Natura di Dio

1) DIO È UNO SPIRITO PERSONALE

Dio è una persona; non è una cosa o un animale. Gli esseri umani sono persone e non cose o animali. Dio, in questo, è simile agli esseri umani, eccetto che Egli sia una persona molto più grande di qualsiasi essere umano. Dio è una persona infinita mentre gli esseri umani sono persone finite e limitate. La persona è una creatura che può prendere liberamente delle risoluzioni, formulare dei pensieri e coscienziosamente scegliere. In altre parole, può operare in vista di determinati obbiettivi o scopi, e, allorché egli opera in questo senso, sa di agire secondo quello che ha già pensato. Un giovane è chiamato a predicare l'evangelo: per poterlo fare, si impegna a seguire un corso di studi in una scuola biblica per ben prepararsi a questo scopo; può deliberatamente porsi questa meta e lavorare per raggiungerla. Coloro che hanno scelto un'altra professione od un commercio seguono ugualmente un piano di azione. In questo essi sono simili a Dio e, Dio è simile a loro: sono una persona.

Molti passi della Bibbia provano che Dio è persona; sono passi che ascrivono a Dio caratteristiche personali quali: l'amore, la santità, la sapienza e la potenza. Non è necessario riportare ora citazioni specifiche della Scrittura a questo proposito, poiché molte di esse saranno menzionate quando discuteremo le qualità particolari che costituiscono la personalità di Dio.

Dio si differenzia dagli uomini in quanto Egli è uno Spirito puro, non ha un corpo fisico. Lo spirito umano si manifesta per mezzo del corpo; almeno nel tempo presente, questo è il mezzo naturale per il quale si esprime la vita umana. Per Dio ciò non avviene: la vita normale di Dio è interamente spirituale. Egli si può manifestare per un certo tempo per mezzo di un corpo o per mezzo di forme fisiche, ma questa non è la sua forma usuale di vita. Quando la Bibbia parla di Dio come avente, occhi, braccia o qualsiasi altra parte del corpo umano, usa un linguaggio figurato e non letterale. Dio non ha nulla intorno a sé nel suo stato normale che possa essere veduto dall'occhio fisico o essere toccato da dita fisiche. « Iddio è Spirito; e quelli che lo adorano lo debbono adorare in Spirito e Verità ». (Giovanni 4,24).

2) IDDIO È UNO

Che Dio sia uno è affermato esplicitamente o implicitamente in molti passi della Bibbia. «Io sono il Signore e non vi è altro Dio fuori di me». (Isaia 45,5). Altri versetti che si possono citare a questo proposito sono; Deuteronomio 4,35; 4,39; 6,4; Galati 3,20; 1 Timoteo 2,5.

Il fatto che Dio è unico, indica definitivamente che non esistano altri dei. Inoltre, direttamente o indirettamente, sta a indicare che Dio è l'origine di ogni altra cosa: senza di Lui nessuna cosa ebbe esistenza sin dall'inizio dei tempi. Si pone, di conseguenza, il problema dell'origine del peccato. Esamineremo, in seguito questo soggetto, tutto quello che per il momento si può dire è che il peccare non ha un'origine eterna.

L'unità di Dio è importante, perché essa garantisce l'assolutezza e la natura somma di Dio. Se distruggiamo la sua unità ipotizzando la sua pluralità o, se ammettiamo che qualche altra cosa sia esistita con Lui dall'eternità, negheremmo il fatto che Egli è definitivamente il Supremo dell'Universo.

3) IDDIO È ONNISCIENTE, ONNIPOTENTE E SOMMAMENTE BUONO

Solitamente descriviamo gli uomini come aventi particolari caratteristiche quali la perseveranza, l'energia, l'intelletto, la moralità e la grazia. Anche Dio ha caratteristiche ed attributi che descrivono la sua natura. Egli è *onnisciente, onnipotente e sommamente* buono. Da un punto di vista razionale sembra essenziale che un Dio che gli uomini desiderano di adorare, debba almeno avere queste caratteristiche. Se Dio fosse limitato nella potenza, nella conoscenza o di poca bontà, sarebbe troppo simile agli uomini per poter ispirare l'adorazione.

Che cosa significa per Dio essere *onnipotente?* Vuole dire che Egli può fare qualunque cosa che non sia contraria alla sua natura e al suo scopo. Poiché Dio è onnisciente come anche onnipotente, non potrebbe, a motivo della sua onnipotenza, fare ciò che è contrario alla sua onniscienza; non potrebbe, cioè, fare quello che manifesterebbe ignoranza o ristrettezza piuttosto che sapienza. Lo stesso è vero per ciò che riguarda la sua bontà. L'onnipotenza di Dio non vuole dire che Egli possa fare il male, perché una tale azione contrasterebbe con il fatto che Egli è supremamente buono. Lo scopo di Dio come la Sua natura limitano la sua potenza. Il Suo proponimento risulta nella creazione di esseri capaci di agire liberamente, moralmente, quali gli angeli e gli uomini.

Egli ha, quindi, limitato Se stesso, permettendo l'esistenza di coloro che possono scegliere di opporsi a Lui ed ai suoi piani. Queste limitazioni di Dio sono interne e non esterne. Esse sono una parte di Lui e non si può dire in alcun modo che siano due contraddizioni.

Iddio è *onnisciente.* Questo vuoi dire che Dio conosce Se stesso pienamente, sia la sua natura che quello che può manifestarsi al di fuori del Suo volere. Inoltre Egli ha una completa conoscenza del mondo, sia del passato che del futuro, poiché per Lui, tutto il tempo è sempre presente. Ciò include l'idea che Egli conosce le libere creature, compreso ciò che esse faranno prima che esse agiscano.

Su questo ultimo punto sorgono le maggiori difficoltà. Come può conoscere prima del tempo quello che faranno libere entità agenti e morali? Se Egli ha la prescienza di liberi atti non potrebbe ciò significare che dovrebbero necessariamente accadere? Inoltre, Se ciò fosse non vi sarebbe il libero agire. La Bibbia sostiene con certezza che l'uomo è libero e nel medesimo tempo insegna che Dio ha previsto gli eventi, che senza dubbio dipendono da liberi atti degli uomini. Ai giorni nostri non vi sono molti che sono propensi a negare la prima verità, e chi nega la seconda elimina dal Vecchio e dal Nuovo Testamento alcuni casi di profezia nei quali vi sono predizioni ben distinte. La difficoltà nell'armonizzare la prescienza di Dio con il libero arbitrio dell'uomo può essere attenuata se teniamo presente che la conoscenza di Dio è molto differente dalla nostra. Egli non ottiene la sua conoscenza per mezzo del ragionamento; Egli non ha bisogno di seguire un tale metodo indiretto; arriva alla Sua conoscenza in modo immediato e diretto.

Dio è sommamente *buono*. Questa è la sua caratteristica più importante. Sopra ogni altra cosa l'uomo vuole che il Dio che egli adora sia buono. Piuttosto che l'imperfezione della Sua bontà l'uomo tollererebbe la limitazione della Sua potenza e della Sua conoscenza. Per Dio, essere buono significa che i motivi della sua vita interiore sono quelli che dovrebbero essere, così pure i suoi atti.

Da un altro punto di vista ciò significa che Dio non desidera altra cosa per gli esseri finiti al di fuori di quella che è per il loro maggiore bene. In armonia con tutto ciò, Egli non fa mai alcuna cosa verso o per loro se non quello che potrebbe

CAPITOLO UNO: DIO

essere o che genererebbe ciò che è veramente il meglio per l'uomo. Questa sua somma bontà, inoltre, include in se stessa il concetto che tutti i fattori della bontà sono in Dio al più alto grado e che essi sono perfettamente equilibrati in relazione l'uno all'altro. Un aspetto della Sua bontà non si esprime mai a spese dell'altro. Potremmo dire, grosso modo, che l'amore di una madre può anche non tener conto della giustizia; questo non avviene nei riguardi dell'amore divino.

Vi è una base biblica per credere che Dio sia onnipotente, onnisciente e sommamente buono?

La Bibbia contiene abbondanza di tali prove. Le seguenti citazioni, sostengono il fatto che Egli sia onnipotente « Io sono l'onnipotente Iddio » (Genesi 17,1); « Egli può fare ciò che vuole secondo il suo beneplacito » (Salmo 115,3); « Non vi è alcuna cosa difficile per Lui » (Geremia 32,17); « Tutte le cose gli sono possibili » (Matteo 19,26).

Aggiungasi a queste citazioni un versetto molto significativo che si trova in Daniele 4,35 « Tutti gli abitanti della Terra sono reputati come nulla: Egli opera secondo la sua volontà nell'esercito del cielo e tra gli abitanti della terra; nessuno può resistere alla sua mano e dirgli: Che cosa fai? »

La Bibbia insegna altresì chiaramente che Dio è onnisciente. Il salmista dichiara che il Signore conosce appieno i suoi pensieri, le sue parole, le sue vie (Salmo 139,1-6). L'autore dell'epistola agli Ebrei asserisce che tutte le creature e tutte le cose sono conosciute da Dio (Ebrei 4,13). Aggiungiamo a questi rinvii i molti versetti che parlano della conoscenza di Dio e rimane difficile negare la Sua onniscienza. (Vedi Isaia

48,3; Giobbe 14,5; Giovanni 6,64; Atti 15,18; e Romani 8,29).

La Bibbia parla spesso di Dio come un *essere santo e giusto*. Da queste citazioni possiamo dedurre che Dio è *sommamente buono*. Il Dio della Bibbia è « un Dio di verità, senza iniquità, giusto e diritto » (Deuteronomio 32,4).

Nella visione di Isaia della Gloria di Dio, i serafini gridano l'un all'altro « Santo, santo, santo è il Signore degli eserciti » (Isaia 6,3). Un simile inno di lode è trovato nell'Apocalisse 4,8. Cristo nella preghiera sacerdotale s'indirizza al Padre come al santo e giusto (Giovanni 17,11 e 25); Gesù fu tentato come noi, però senza peccato (Ebrei 4,15).

4) DIO COME PADRE

Gesù, riguardo a Dio, ci presenta la verità più perfetta. Egli c'insegna che il cristiano dovrebbe pensare a Dio come suo padre. In molti passi del sermone sul monte, come altrove, Gesù parla del « Nostro padre » (Matteo 5,44 e 45; 6,1 e 32; 23,9; Marco 11,25 e 26).

Questa verità che Gesù comunica, inaugura la nuova età nelle relazioni tra Dio e gli uomini. Nel Vecchio Testamento, Dio non è assolutamente pensato come Padre. I fedeli di Dio sono suoi sudditi. Egli è il loro Re e il loro condottiero. Nel Nuovo Testamento i discepoli di Cristo sono figlioli di Dio; ogni figliuolo può ritenere Dio come suo Padre. Un nuovo mondo si apre ai seguaci di Dio. Sotto il vecchio sistema solo alcuni potevano venire direttamente alla presenza di Dio, e ciò avveniva occasionalmente. Questo avviene anche con i re e i governanti di oggi. Le masse non hanno diretto accesso a loro, aspetto che è anche in armonia con lo schema cerimoniale del Vecchio Testamento. In armonia con questo, solo al sommo sacerdote era permesso di entrare nel luogo santissimo dove era la presenza Divina ed un tale privilegio gli era concesso soltanto una volta all'anno. Sotto il nuovo sistema stabilito da Gesù i seguaci di Dio sono Suoi figli e, come tali, in ogni momento possono venire alla sua presenza immediata. La preghiera, la comunione con il loro Padre celeste diviene la stessa vita dei suoi figli. Questa paternità di Dio indica che Iddio considera noi come un Padre terreno considera i suoi figli, che è pronto ad aiutarli in ogni tempo. Ciò significa anche molto più di questo. Egli è un padre infinito che può amarci ed assisterci più e meglio di un padre terreno. La sezione finale del sesto capitolo di Matteo ci dà una bella descrizione delle cure di Dio per i suoi Figli (Matteo 6,24-34). I figli di Dio non devono avere sollecitudini, perché Dio, che nutre gli uccelli del cielo e riveste e gigli dei campi, non dimenticherà i suoi figliuoli.

5) IDDIO È TRINO

Come abbiamo già veduto Dio è uno, ma Egli è anche trino. Egli è tre in uno, una sostanza complessa. Il lettore della Bibbia è abituato alle tre dispensazioni: la dispensazione di Dio il Padre, quella del Figlio e quella dello Spirito Santo. Queste dispensazioni sono storiche o temporali. Si deve però ricordare che esse non ci danno l'intera verità intorno alla trinità.

Queste manifestazioni successive rappresentano distinzioni le quali sono eterne nella divinità. Dio non era prima Dio-Padre, poi Dio-Figlio e infine Dio-Spirito Santo. Queste sono solo espressioni successive di quello che Dio è sempre stato e sempre sarà. Dio il Padre, Dio il Figlio, Dio lo Spirito Santo sono sempre stati e sempre saranno. La decisione di uno dei primi concili della chiesa primitiva rifiutò di dividere la sostanza divina o confondere le persone divine. Il Figlio è eternamente generato dal Padre e lo Spirito Santo procede dal Padre nell'eternità. Così noi abbiamo fin da tutta l'eternità una sostanza e tre persone (1° Concilio di Costantinopoli - 381 D.C.).

Alcuni passi del Nuovo Testamento indicano chiaramente la Trinità. Matteo parla del battesimo dato nel nome del Padre, del Figlio e dello Spirito Santo (Matteo 28,19). Paolo nella sua benedizione, distingue chiaramente il Padre, il Figlio e lo Spirito Santo (2 Corinzi 13,14). In Romani 8, questa distinzione, è presentata più volte. L'undicesimo versetto spiega così « Se lo Spirito di Colui che ha risuscitato Gesù dai morti abita in voi, colui che ha risuscitato Gesù dai morti risveglierà anche i vostri corpi mortali, per il Suo Spirito che abita dentro di voi ». Qui noi abbiamo lo Spirito, Cristo e Dio Padre, che ha risuscitato Gesù dalla morte.

La dichiarazione più esplicita, per l'insegnamento della trinità, comunque, si trova in Giovanni nei capitoli 14, 15 e 16. In questi capitoli, Gesù promette a coloro che lo amano ed osservano i suoi comandamenti che Egli pregherebbe il Padre e manderebbe loro un altro Consolatore, lo Spirito della Verità. In questo caso Gesù distingue tra Se stesso e il Padre, tra Se stesso e lo Spirito Santo, e ugualmente tra il Padre e lo Spirito Santo.

La dottrina della Trinità è uno dei più grandi misteri della religione cristiana: come possono tre Persone essere così unite

CAPITOLO UNO: DIO

da costituire una sola sostanza? Questo problema non può essere definito o risolto da menti finite. Nondimeno ci sono alcune considerazioni che, a tal riguardo, ci possono aiutare. Anzitutto, noi viviamo in un mondo nel quale l'unità è spesso più che « uno ». L'universo è uno, nondimeno è una pluralità di universi. Il corpo umano è uno, ma nello stesso tempo è composto da più unità. L'uomo è uno, tuttavia egli è corpo anima e spirito. La mente umana si manifesta come sentimento, volontà ed intelletto. Certamente queste illustrazioni sono solo allusioni dell'unità che è trina nel caso della trinità, ma possono aiutarci nella ricerca.

In secondo luogo l'organismo divino nella sua infinita ricchezza o pienezza di coscienza richiede un'adeguata autochiarificazione come Padre, Figlio e Spirito Santo, allo scopo di esprimere adeguatamente se stesso. Ciò non deve sembrare più difficilmente comprensibile di quanto lo sia il fatto che l'uomo finito per agire adeguatamente necessita di sentimento, volontà ed intelletto.

In terzo luogo, noi non rigetteremo la dottrina della Trinità solo perché essa non può essere compresa pienamente, poiché allora, per essere coerenti, dovremmo fare lo stesso per tutte quelle cose che non possiamo comprendere appieno. Tale principio dovrebbe governare ogni nostra azione come la nostra fede, perché da ogni dove noi siamo circondati da misteri. Possiamo descrivere e comprendere i benefici della elettricità, ma chi può dirci cosa essa sia nella sua essenza più intima? Siamo troppo inclini a permettere ai misteri di disturbarci nelle chiese, mentre li ignoriamo nella cucina.

La divinità di Gesù Cristo e la personalità dello Spirito Santo rientrano naturalmente nello studio della Trinità. Ogni prova di queste due verità è anche una prova a favore della Trinità.

La divinità di Gesù Cristo

Cominciamo il nostro studio della divinità del Signore Gesù Cristo con l'esperienza cristiana. La vita del credente cristiano è stata trasformata da Cristo ed il risultato è così significativo che non può essere attribuito ad altri che a Dio. L'attività redentrice di Cristo è tale che solo un essere divino potrebbe averla causata. Qui si trova la causa reale della fede dell'uomo nella sua divinità, dai tempi del Nuovo Testamento fino ad oggi. Dovunque e comunque gli uomini vengono salvati da Cristo, testimonieranno che Egli è Dio stesso. In un certo senso questa è la prova delle prove, poiché l'uomo non può, in ultima analisi, essere rimproverato di credere che Cristo sia Dio se vuole porre i suoi piedi sopra l'unico e sicuro fondamento.

Il movimento cristiano è un'altra evidenza della divinità di Cristo. Esso include milioni di persone. Un'autorità nel campo della storia ha detto che il cristianesimo, per mezzo dell'apostolo Paolo, è divenuto la più grande potenza della storia. Ma S. Paolo, secondo la sua propria testimonianza, ha ricevuto potenza e ispirazione da Cristo. Come possiamo spiegarci l'inizio senza precedenti e lo sviluppo del movimento cristiano? La spiegazione non si deve ricercare nella ragione per il successo delle false religioni. Esse hanno avuto molti aderenti. Ma la loro visione non è mai stata così vasta da

CAPITOLO UNO: DIO

abbracciare il mondo intero, ed infatti non hanno mai raggiunto molti popoli e continenti nel mondo, come ha invece fatto il cristianesimo. Le cinque cause del successo del cristianesimo sono le seguenti: lo zelo dei primi cristiani, la promessa della vita futura, la potenza miracolosa ascritta alla chiesa primitiva, la pura e austera moralità dei primi cristiani, l'unione e la disciplina della comunità cristiana. Certo, tutte queste cause dirigono irresistibilmente verso una causa che supera se stessa.

Queste caratteristiche e la fede dei primi cristiani devono essere spiegate, ma non possono essere spiegate con mezzi naturali. Il successo del movimento cristiano non può essere spiegato dicendo che il cristianesimo è apparso in un momento critico della storia del mondo. Tale spiegazione ignora le ostilità del giudaismo e del paganesimo, le due religioni potenti di quel tempo. Non vi è che una risposta: il successo del movimento cristiano si deve spiegare con la divinità del suo fondatore. La verità che realmente e solamente spiega la propagazione, in questo mondo, della religione cristiana e di una istituzione quale la chiesa, è la verità per la quale si dovette credere che Gesù Cristo era più che uomo, la verità che Gesù Cristo è ciò che gli uomini hanno creduto che fosse, vale a dire che Gesù Cristo è Dio.

Ricordiamo altre importanti prove della divinità del nostro Signore, delle quali possiamo dare solo un fugace accenno. Esse sono i suoi miracoli, il suo potere sovrannaturale: guariva ogni specie di malattie e richiamava in vita i morti; il suo insegnamento: nessuno parlò mai come Lui; il suo carattere senza peccato e con una giustizia positiva. Ringraziamo Dio per queste evidenze. Incontestabilmente esse parlano di Uno che era Dio anche per Dio.

L'atteggiamento impareggiabile di Cristo verso gli uomini è un'altra prova della sua divinità. Il suo titolo favorito era quello di « Figliuolo dell'uomo ». Senza dubbio Egli amava questo nome, perché esso pone l'accento sulla sua umanità, avvicinandolo così agli uomini. Cristo amava gli uomini e voleva che essi sapessero che Egli era uno di loro. Inoltre, questo appellativo stava a significare il fatto che Egli rappresentava l'umanità, il figlio dell'umanità, il secondo Adamo e come tale, in relazione con l'uomo come non si era mai esperimentato prima. Ciò era anche in armonia con il Suo insegnamento: cioè Egli avrebbe dovuto morire per gli uomini ed a motivo di tale morte concedere il perdono dei peccati per dare il riposo agli stanchi ed ai travagliati. (Giovanni 10,11; Marco 10,45; Matteo 26,28; Marco 2,1-11). Infatti Gesù ha insegnato che Egli solo era in grado di soddisfare qualsiasi bisogno spirituale (Giovanni 4,13; 10,10; 14,6). Chiamò a sé gli uomini non solo ad ubbidirlo, ma anche ad amarlo sopra ogni altra cosa (Luca 6,46; Giovanni 21,22; Matteo 10,37).

Inoltre non esitava ad insegnare che la Sua autorità era decisiva (Matteo 7,29). Questa inusitata incredibile attitudine verso gli uomini culminava nella dichiarazione che Egli sarebbe stato il loro giudice finale (Giovanni 5,22; Matteo 25,31-46). Un uomo qualunque non avrebbe potuto fare simili dichiarazioni ad altri uomini o prendere nei loro confronti un tale atteggiamento.

Un'altra importante prova della divinità di Cristo è la Sua unica relazione col Padre. Negli Evangeli Sinottici Egli

CAPITOLO UNO: DIO

insegna chiaramente che è in relazione con Dio, il Padre, come nessun altro essere è stato e potrà essere. Egli non si rivolge mai a Dio come « Padre nostro », ma frequentemente dice « Padre mio » (Matteo 7,21; 10,32; 12,50). Non parla mai di se stesso come di « un figliuolo di Dio », ma come « il figliuolo ». A questo riguardo, il passo più notevole si trova in Matteo 11,27: « Tutte le cose mi sono state date dal Padre mio... Nessuno conosce il Padre se non il Figlio e colui a cui il Figlio lo avrà rivelato ». Negli Evangeli Sinottici questo è il passo più importante, a questo proposito. Rivela, infatti, le relazioni straordinarie che uniscono il Figlio al Padre. Mette in correlazione Gesù Cristo con la Sua conoscenza di Dio e con la conoscenza di Dio del Figlio. Dichiara di possedere « ogni cosa » dal Padre; la sua coscienza dimora completamente nella coscienza divina. Questi passi nel loro insieme chiaramente ci dicono che Gesù è, per Dio e per l'uomo, quello che nessun altro può essere.

Questa condizione è anche ampiamente confermata dall'insegnamento di Gesù nell'Evangelo di S. Giovanni. Quivi dichiara che Egli e il Padre sono la stessa cosa (Giovanni 10,30), e che nessuno può accedere al Padre se non per mezzo di Lui (Giovanni 14,9) che, chi ha veduto Lui ha veduto il Padre, e che Egli è nel Padre e che il Padre è in Lui (Giovanni 14,9 e 10). Questa unità del figliuolo con il Padre è più che una unità di proposito e di vita. È una unità di natura o di essenza. Infatti è difficile comprendere come la prima possa essere possibile senza la seconda.

La sua preesistenza è l'ultima prova che daremo per la divinità di Cristo.

Più di una volta Egli ne parla come avendola dal cielo (Giovanni 3,13; 6,33; 44-51). Questi, come altri simili passi, implicano la preesistenza di Cristo. Uniamo, a questi, altri cinque passi della Scrittura che insegnano chiaramente la preesistenza di Gesù. Due nell'Evangelo di Giovanni, due nell'Epistole di Paolo ed uno nella Lettera agli Ebrei. In Giovanni 1,3, leggiamo queste parole: « In principio era la Parola, e la Parola era con Dio, e la Parola era Dio. Essa era nel principio con Dio. Ogni cosa è stata fatta per mezzo di Lei; e senza di Lei neppure una delle cose fatte è stata fatta ». Il termine « Parola » in questo passo si riferisce a Gesù Cristo e nessuno, che legga il rimanente del capitolo, può negarlo. Questa « Parola » era Dio ed era nel principio con Dio. Egli è sempre esistito nella comunione con Dio il Padre. Alla vigilia della Sua crocifissione Gesù, nel capitolo 17 dell'Evangelo di S. Giovanni, pronuncia la grande preghiera al Padre. Nel quinto versetto dice: « Ed ora o Padre, glorificami Tu presso te stesso, della gloria che avevo preso di te, avanti che il mondo fosse ». In modo definito Egli parla anche qui della Sua preesistenza per il fatto che esisteva prima che il mondo fosse. L'intera preghiera non può essere compresa senza dedurne la preesistenza di Gesù.

Nel sublime passo ai Filippesi 2,5-11, Paolo tratta l'intero ciclo dell'esistenza di Gesù. Comincia al versetto sesto con la preesistenza di Gesù: « Il quale Gesù essendo in forma di Dio, non reputò rapina l'essere uguale a Dio ». Poi, nei due seguenti versetti descrive l'umiliazione di Gesù, il fatto che Egli divenne uomo, e soffrì la morte della croce. « Ma annichilì se stesso, prendendo forma di servo e divenne simile agli uomi-

CAPITOLO UNO: DIO

ni; ed essendo trovato nel l'esteriore come un uomo, abbassò se stesso, facendosi ubbidiente fino alla morte e alla morte sulla croce». E conclude con il Suo stato presente, la sua esaltazione: «Ed è perciò che Dio lo ha sovranamente innalzato e gli ha dato il nome che è al disopra d'ogni nome, affinché nel nome di Gesù si pieghi ogni ginocchio nei cieli, sulla terra e sotto la terra, e ogni lingua confessi che, Gesù Cristo è il Signore, alla gloria di Dio Padre». Questo passo, tratto dall'epistola ai Filippesi, ci presenta la preesistenza di Gesù, la sua umiliazione sulla terra e la Sua presente esaltazione nel Cielo.

Un versetto, nella lettera ai Colossesi 1,15-17, ci pone dinanzi Cristo in relazione all'universo. Vi è dichiarato che Cristo esisteva avanti tutte le cose e che tutte le cose sussistono in Lui. Pertanto Cristo deve essere certamente preesistente. In Ebrei 1,1-2, viene espresso lo stesso concetto. I mondi sono fatti da Cristo e tutte le cose sono sostenute dalla parola della Sua divinità.

Gli argomenti che abbiamo presentato sono: l'esperienza cristiana, il movimento cristiano, i miracoli di Cristo, il Suo insegnamento e il Suo carattere, la Sua impareggiabile comprensione degli uomini, la Sua unica relazione verso il Padre, ed infine, la Sua preesistenza.

Nel quarto secolo la chiesa cristiana si trovò di fronte alla più grande crisi della sua storia. Che cosa offriva l'arianesimo agli uomini redenti che adoravano Cristo? Una creatura, un essere che aveva incominciato a vivere, un essere fatto dalla pronta e potente volontà dell'onnipresente Dio, un essere, poteva essere duplicato tanto spesso quanto Dio avrebbe potuto volere; come facilmente possono esserlo gli arcangeli, gli uomini o i pianeti. Tale era la creatura che l'arianesimo offriva a quegli uomini redenti. Certamente essi non potevano non rifiutare una tale offerta. Non solo la loro teologia era in pericolo, ma anche la loro esperienza cristiana. Infatti io stesso credo, che se l'arianesimo avesse trionfato, la fede cristiana sarebbe stata spazzata via interamente. Ciò dimostra l'importanza della divinità di Cristo. La chiesa cristiana nel quarto secolo, secondo la veduta di Ario, ha reso Cristo meno Dio e qualora la dottrina ariana avesse trionfato, tale discussione su questa dottrina non sarebbe stata fatta ed, oggi, non vi sarebbe una chiesa cristiana. Invece, grazie a Dio, Atanasio si confrontò con Ario e negli anni successivi, ebbe il sopravvento e nel Credo, riguardo alla natura di Cristo, fu deciso di scrivere: «Dio da vero Dio, nato, non fatto, essendo una stessa sostanza con il Padre».

La personalità dello Spirito Santo

La dottrina della divinità dello Spirito Santo e della divinità di Cristo, sono strettamente collegate con quella della Trinità. Una persona non può negare una di queste senza negare la Trinità: e non può rigettare la dottrina della Trinità e poi dire di credere nella divinità di Gesù Cristo o nella personalità dello Spirito Santo. Si noti che noi parliamo della divinità di Cristo e della personalità dello Spirito Santo. Facciamo questo, perché la divinità dell'uno e la personalità dell'altro sono state spesso messe in dubbio. Molte persone, malgrado abbiano negato la divinità di Cristo, sono state pronte a ritenere per certo che Egli sia esistito. Dall'altra parte, molti di coloro che hanno creduto nello Spirito Santo come una persona, sono stati pronti a riconoscere la Sua divinità.

Di solito riguardo allo Spirito Santo si crede che Egli sia una persona o una mera influenza. Questo è il vero conflitto che è sempre esistito sulla divinità di Cristo e sulla personalità dello Spirito Santo. Per questo, nella precedente discussione, abbiamo trattato della divinità di Cristo; adesso, però, limitiamoci a considerare la personalità dello Spirito Santo.

Per avere le prove del fatto che lo Spirito Santo è una persona, volgiamoci alla Bibbia. Nel Vecchio Testamento si parla dello Spirito Santo, ma limitiamoci a citare il Nuovo Testamento. I passi che insegnano questa verità, possono dividersi in due gruppi: quelli che insegnano che lo Spirito Santo agisce in noi come farebbe una persona e quelli che indicano il nostro modo di agire verso di Lui come se fosse una persona. Consideriamo i primi. Certamente queste azioni sono solo attività che intendono una relazione con l'uomo e non con esseri animali o cose. Lo Spirito è descritto come sovrano distributore dei doni spirituali, e li distribuisce a ciascuno in particolare come Egli vuole (1 Corinzi 2,4-11); nella lettera ai Romani, lo Spirito è presentato come la fonte della risurrezione di Cristo e dei cristiani. I figliuoli di Dio sono condotti dallo Spirito. « Lo Spirito stesso rende testimonianza al nostro spirito che noi siamo figliuoli di Dio » ; lo Spirito ci aiuta nelle nostre infermità; ed « Egli intercede per noi con sospiri ineffabili » (Romani 8,11, 14, 16 e 26).

Nell'Evangelo di San Giovanni, capitoli 14, 15 e 16, Gesù ci offre un chiaro insegnamento sulla personalità dello Spirito Santo. Quivi l'opera dello Spirito Santo, in favore dell'uomo, è indicata come un'opera personale. Gesù parla dello Spirito Santo come di un altro « Consolatore » che viene in aiuto e che sarebbe stato mandato dal Padre dopo la dipartita di Gesù da questa terra. Il Consolatore è lo Spirito della verità o della rivelazione, che testimoniando di Cristo avrebbe insegnato loro guidandoli in ogni verità e mostrando loro le cose avvenire. Questo Consolatore convincerebbe il mondo di peccato, di giustizia e di giudizio.

Non solo lo Spirito Santo agisce in noi come una persona, ma noi lo trattiamo altresì come una persona. Possiamo contristare lo Spirito Santo (Efesini 4,30), resistergli (Atti 7,51), mentire contro di Lui (Atti 5,3), bestemmiarlo (Luca 12,10). Inoltre, lo Spirito Santo è ritenuto dello stesso valore di Dio, il Padre e Dio il Figlio, da Paolo nella sua benedizione, che si trova in 2 Corinzi 13,14. Ugualmente Gesù dice nella Sua formula battesimale, dove lo Spirito Santo è incluso con Gesù stesso e Dio, il Padre (Matteo 28,19). Come Cristo, così lo Spirito Santo è una persona divina e con Dio, il Padre, forma la Trinità.

Con questo, portiamo a termine l'esame sulla dottrina di Dio. Nondimeno possiamo aggiungere tre significative definizioni di Dio. Queste, in un certo senso, vorranno assommare quanto è stato detto prima. Queste definizioni sono: « Dio è uno spirito, infinito, eterno, immutabile nella sua essenza, sapienza, potenza, santità, giustizia, bontà e verità ». Ed ancora: « Dio è infinito, uno Spirito perfetto nel quale tutte le cose hanno la loro sorgente, sostegno e fine ». Infine: « L'Iddio della fede cristiana è uno Spirito, personale, morale, assoluto e trino ».

CAPITOLO UNO: DIO

Vi è una sola parola nella quale uno potrebbe intopparsi, ed essa è « assoluto ». Nondimeno possiamo superare questa difficoltà, se ricordiamo che essa vuol significa: dipendere da se stesso, indipendente o senza bisogno di aiuto.

CAPITOLO DUE

L'uomo

Il primo stato dell'uomo

1) LA CREAZIONE DELL'UOMO

Leggiamo il libro della Genesi per conoscere il primo stato dell'uomo. « Poi Dio disse all'uomo: facciamo l'uomo a nostra immagine e a nostra somiglianza ed abbia dominio sui pesci del mare, e sugli uccelli del cielo e sul bestiame e su tutta la terra e su tutti i rettili che strisciano sulla terra. E Dio creò l'uomo a Sua immagine, lo creò a immagine di Dio, li creò maschio e femmina » (Genesi 1,26 e 27). « E l'Eterno Dio formò l'uomo dalla polvere della terra, gli soffiò nelle narici un alito vitale, e l'uomo divenne un'anima vivente » (Genesi 2,7). Queste sono le parole più significative scritte sull'uomo; ci dicono che l'origine dell'uomo è Dio, e che l'uomo cominciò ad essere e non è stato l'effetto dell'attività di Dio, da tutta l'eternità. Questi versetti della Genesi portano in sé il concetto dell'unità della razza umana. Tutti i popoli hanno un'origine comune. Iddio ha creato Adamo ed Eva ed ha comandato loro di crescere e moltiplicarsi e popolare la terra (Genesi 1,28).

Quando fu creato l'uomo? Non possiamo dirlo con esattezza. Una schema cronologico stabilirebbe l'origine dell'uomo a circa quattromila anni a. C. Un altro a circa cinquemila anni. Noi non siamo esattamente sicuri di queste date. Uno dei motivi di tale incertezza è il modo in cui la Bibbia considera le genealogie. Per esempio una persona si considera figlio di un'altra, quando in realtà, essa ne è il nonno o il bisnonno. Era uso in quei tempi parlare dei discendenti come dei figliuoli, benché essi fossero ben lontani dell'esserlo. Così, mentre non possiamo risolvere con esattezza questo problema, siamo nel tempo stesso convinti che non è necessario supporre un periodo di tempo eccessivamente più lungo dalla creazione dell'uomo. Alcuni scienziati lo ammettono, poiché lo ritengono necessario per lo sviluppo linguistico di certe popolazioni. Ma non è necessario, poiché, per tale sviluppo, un periodo di sei o ottomila anni o anche meno, sono sufficienti.

2) L'IMMAGINE DI DIO

Un altro fatto che ci colpisce nei riguardi della creazione dell'uomo è che egli fu fatto all'immagine di Dio. Ciò non è avvenuto per alcun altro essere creato. L'uomo è in una particolare relazione nei confronti di Dio, poiché ha una netta somiglianza con il suo fattore. In che cosa consiste essa? L'uomo non è simile a Dio perché ha un corpo. Iddio non ha un corpo ma è un puro Spirito. Qualcuno ha detto che quello che nell'uomo è considerato il più nobile, e l'immagine di Dio. Se per tale si ritiene l'intelligenza, si può considerare l'intelligenza — immagine di Dio. Altri invece possono considerare il libero arbitrio: sarà questa l'immagine di Dio. Ma indubbiamente l'immagine di Dio nell'uomo assomma entrambe queste due caratteristiche, all'intelligenza e al libero arbitrio; e possiamo aggiungere la sua santità. L'uomo fu creato santo e questo attributo e una parte dell'immagine di Dio in lui. Inoltre, dire che l'uomo è stato creato all'immagine di Dio significa affermare che l'uomo è superiore agli animali.

CAPITOLO DUE: L'UOMO

Egli possiede alcune caratteristiche fisiche e psichiche che sono comuni agli animali, ma colui che pone l'uomo alla pari degli animali ignora quello che vi e di più importante nell'uomo; le qualità della sua personalità che lo differenziano dal resto della creazione: la sua intelligenza, il libero arbitrio e la sua santità sono di gran lunga più significative di quelle che possiede il resto degli esseri creati. Per nuovamente affermare la stessa venuta sotto un altro aspetto, si può dire che Dio, che è una persona, creò l'uomo come una persona a Sua immagine. La persona è stata definita come una creatura capace d'iniziativa, di azioni tendenti ad uno scopo, e di ideali morali. Come Dio l'uomo è capace di agire coscientemente verso uno scopo ed è cosciente del fatto che esiste il bene e il male e che egli può e deve scegliere.

L'uomo ha goduto nello stato originale, dell'intima comunione con Dio. Come abbiamo già veduto, era un essere santo e quindi, nulla lo separava dall'Iddio Santo. Camminava e parlava con Dio e non aveva timore, prima che il peccato venisse. Era in una comunione divina e non vi era nulla, dentro o fuori di lui, che lo disturbasse, per tutto il tempo che Adamo ed Eva rimasero nel giardino dell'Eden.

3) LA CREAZIONE DEL CORPO

Il corpo umano, come l'anima umana o personalità, fu creata da Dio. Genesi 2,7 dichiara che il Signore formò l'uomo dalla polvere della terra. Così Dio dette all'uomo una forma fisica. Come opera divina il corpo umano è un meccanismo intricato e meraviglioso. Il salmista loda Dio per aver creato l'uomo in modo meraviglioso. Questo è vero sia nei riguardi del corpo fisico che dell'anima. Il corpo umano è un sistema di parti correlate le quali sono numerosissime e coordinate. Vi sono connessioni chimiche, meccaniche e nervose che incominciano ora ad essere studiate da fisiologi e da psicologi. Un'autorità in questo campo scrive così delle coordinazioni chimiche del corpo: « La chimica del corpo umano si comincia a comprendere ora in tutta la sua complessità. Le scoperte degli ultimi giorni sulla importanza per la vita delle differenti vitamine, per il mantenimento dell'equilibrio alcalino, della necessità di supplire l'esatta quantità di calcio, di iodio e così via, quando certi organi ghiandolari ne difettino; questi e molti altri esempi ci danno un'idea di quanto siano sottili le relazioni e correlazioni chimiche del corpo umano. L'essere umano è un organismo bilanciato chimicamente come su una lama di rasoio. Lasciate che questo equilibrio sia leggermente alterato e il risultato può essere fatale. E se anche l'uomo potesse sfuggire alla morte non ne rimarrebbe che uno scheletro deforme, un anormale inutile a sé e alla società ». Veramente Iddio ha operato bene quando ha creato il corpo umano.

4) Il CORPO COME LA CASA DELL'ANIMA O DELL'UOMO INTERNO

Il corpo non è stato creato per se stesso, ma per essere usato, cioè divenire, lo strumento dell'anima. Proprio come il musicista suona il piano e il violino, così l'anima può servirsi del corpo come di uno strumento. Questa posizione subordinata del corpo è indicata da Paolo quando dichiara che egli tiene il suo corpo in soggezione.

Gesù parla anche di questa verità quando dice che l'uomo deve cercare anzitutto il Regno di Dio e la sua giustizia. Se lo

CAPITOLO DUE: L'UOMO

facessimo, il cibo, il vestiario e un alloggio per il corpo, ci sarebbero provveduti. È per mezzo del corpo che l'uomo viene a contatto con l'universo fisico per il quale egli è stato fatto e nel quale vive. L'universo fisico non include cose, ma anche i corpi degli animali e delle persone. I sensi della vista e dell'udito, come gli altri sensi, sono i mezzi fisici per i quali poniamo in contatto noi stessi con il mondo fisico e viceversa. Qualunque cosa possa essere il corpo nella sua entità sostanziale, noi ora dobbiamo considerarlo come uno strumento stabilito della vita oggettiva dell'uomo. Senza il corpo fisico l'uomo può essere una persona, ma non una persona sociale. Il corpo, nel suo significato filosofico, è il mezzo per esprimere le caratteristiche personali dell'individuo. Mediante questo corpo una persona rompe l'isolamento e diviene una comunità.

Inoltre il corpo umano non ha solo importanza dal punto di vista sociale, ma anche razziale: è il nesso razziale che connette l'individuo con la sua razza. Un uomo non ha ciò che io posso chiamare un « corpo generico », un corpo che lo mette in grado di avere un contatto sociale con ogni persona che possa vivere in altri spazi dell'universo di Dio; no, egli ha un corpo umano, un corpo speciale che lo mette in grado di vivere tra gli uomini.

5) L'UNIVERSO FISICO

Come il corpo, l'universo fisico — al quale l'uomo è legato per mezzo del suo corpo — è stato creato da Dio. Questa creazione è descritta nel primo capitolo della Genesi, cominciando dal primo versetto. Ciò significa che l'universo fisico non si è fatto da sé, né fu portato all'esistenza da una forza impersonale. Lo ha creato Dio! Il corpo è il servo dell'anima e l'universo fisico è dominato dall'uomo. Iddio ha posto l'uomo sopra tutta la Sua creazione (così è descritto nei primi due capitoli della Genesi « ed ha chiamato l'uomo ad avere il dominio sopra di essa», Genesi 1,28). Il grande conflitto dell'uomo fu causato dalla sua crescente conquista della natura. Egli ha scoperto gradualmente le caratteristiche microscopiche e telescopiche della natura ed ha quindi reso possibile controllarla ed adeguarsi ad essa.

6) LA DIVINA PROVVIDENZA

La Bibbia non solo c'insegna che Dio è il creatore dell'uomo e dell'universo fisico, ma anche Colui che lo sostiene. L'umanità dipende da Lui per la sua continua esistenza come per il suo principio. Daniele apostrofa il peccatore in modo simile: « E l'Iddio nelle cui mani è il tuo respiro e nel quale sono tutte le tue vie non è stato da te glorificato » (Daniele 5,23). Paolo, nel suo discorso sulla collina di Marte, afferma che noi siamo progenie di Dio insistendo che ci muoviamo e siamo in Lui (Atti 17,22-31). Dio non ha elaborato soltanto un piano generale, ma si prende cura di ogni cosa e niente gli è indifferente.

La caduta dell'uomo

La storia della caduta dell'uomo è esposta nel terzo capitolo del Genesi. L'uomo mangiò il frutto proibito venendo meno alla volontà di Dio. Non è necessario entrare nei dettagli; il fatto principale da ritenere è quello che l'uomo non superò la prova come avrebbe dovuto. La prova era inevitabile,

CAPITOLO DUE: L'UOMO

poiché l'uomo è un libero agente morale. Infatti, presto o tardi, ogni creatura dotata di libero arbitrio deve essere in grado di discernere il bene dal male; e la sua è una decisione individuale. Adamo ed Eva tentarono di liberarsi dalla responsabilità del loro peccato, ma non vi riuscirono. In definitiva, per la colpa commessa, non sono altre persone o circostanze che vanno biasimate oltre il colpevole.

Come abbiamo già indicato nei primi capitoli, Adamo fu creato con una natura santa. Una natura santa può essere *donata*, un carattere santo deve essere *formato*. La santità che Dio aveva fornito ad Adamo era una ricchezza di tipo morale e spirituale e non poteva divenire sua, nel modo più assoluto, se non mediante una libera scelta. La santità era il grande dono di Dio all'uomo mediante cui Dio gli concedeva il meglio della Sua personalità. Anziché ringraziare Dio per questo dono e appropriarsene per mezzo di una libera scelta, l'uomo lo ha rifiutato. Infrangendo il comandamento di Dio, l'uomo diceva a Dio: «No, io non voglio questa santità che costituisce il vero essere della Tua personalità, il meglio che tu abbia». Che tragica decisione!

Come può una persona santa commettere il peccato?

Non è facile rispondere ad una simile domanda, tuttavia vi sono alcune verità che possono illuminarci su questo punto. Vi sono due elementi che rendono possibile l'attuazione del peccato: il *libero arbitrio* e gli *appetiti naturali* (in se stessi perfettamente legittimi). Questo è chiaramente indicato nella descrizione che fa Giacomo nei riguardi dello sviluppo del peccato: «Ma ognuno è tentato dalla propria concupiscenza che lo attrae e lo adesca. Poi la concupiscenza, avendo concepito, partorisce il peccato; ed il peccato quand'è compiuto, produce la morte» (Giacomo 1,14 e 15). Ogni uomo è tentato dalla propria concupiscenza. Giacomo parla della tentazione che produce il peccato, non parla del diavolo o della carnalità. Adamo ed Eva erano santi eppure peccarono. Per certo, il diavolo aggravò la loro situazione, ma essi avrebbero potuto peccare anche senza la sua presenza ed il suo sottile inganno. La carnalità nel cuore e la presenza di Satana, rendono ancora più difficile vincere le tentazioni, ma vi può essere la tentazione ed il peccato anche senza la loro presenza.

Satana, da uno stato di santità, è divenuto cattivo o è sempre stato cattivo? La Scrittura e la ragione sostengono la prima teoria. Se così è, egli peccò senza la presenza della carnalità in lui e di Satana fuori di Lui. Nel suo stato originale, Satana, aveva appetiti legittimi in se stessi, ma egli scelse di soddisfare uno di quelli in modo illegittimo e commise il peccato. Questo è esattamente quello che fecero anche Adamo ed Eva, ad eccezione che essi ebbero anche un fattore esterno, il diavolo stesso. La pressione che Satana esercitò su di loro aggravò la situazione e facilitò il peccato, ossia la soddisfazione illegittima del loro appetito naturale. L'uomo come agente libero e morale è stato creato con delle capacità illimitate per la scelta del bene o del male. L'inferno ed il cielo erano le alternative che si trovavano dinanzi a lui. Quando si decide per la santità, si accolgono, contemporaneamente, le sue conseguenze,: e la stessa cosa vale per la scelta del peccato. Adamo ed Eva scelsero il peccato e la razza umana ne porta, ancora oggi, le terribili conseguenze. Come razza umana, raccogliamo quello che abbiamo seminato come ogni individuo raccoglierà ciò che avrà seminato; e l'individuo raccoglierà ciò che avrà seminato *individualmente:* sia il cielo che l'inferno.

Lo stato presente dell'uomo

1) L'UOMO È NATO NEL PECCATO

È importante per noi riconoscere che l'uomo è un essere caduto perché una veduta inadeguata del peccato porta con se una comprensione inadeguata della legge morale, della persona di Cristo e della dottrina fondamentale della salvezza. Quindi ricordiamoci che l'uomo ha perduto il suo stato originale di santità che possedeva. L'immagine di Dio in lui è stata seriamente danneggiata dal peccato. Che questo sia vero, ossia, che vi sia qualcosa di radicalmente guasto nella famiglia umana, nessun essere vivente può negarlo.

Non solo l'esperienza conferma il fatto che l'uomo è un essere caduto, ma anche la Bibbia chiaramente lo insegna. « L'Eterno ha riguardato dal cielo sui figliuoli degli uomini per vedere se vi fosse qualcuno che avesse intelletto che cercasse Dio. Tutti si sono sviati, tutti quanti si sono corrotti, non v'è alcuno che faccia il bene neppure uno » (Salmo 14,2 e 3). Questo passo, tratto dal Vecchio Testamento, insegna in maniera certa che tutti gli uomini sono peccatori. Sul medesimo soggetto vediamo l'insegnamento del Nuovo Testamento: « Perciò, siccome per mezzo di un sol uomo il peccato è entrato nel mondo, e per mezzo del peccato è subentrata la morte, e in tal modo la morte è passata su tutti gli uomini, perché tutti hanno peccato… Poiché, fino alla legge, il peccato era nel mondo, ma il peccato non è imputato quando non v'è legge. Eppure, la morte regnò da Adamo fino a Mosè, anche su quelli che non avevano peccato con una trasgressione simile a quella di Adamo, il quale è il tipo di colui che doveva venire» (Romani 5,12-14); –... poiché tutti hanno peccato..., queste parole ricorrono spesso nel Nuovo Testamento.

L'uomo è nato nel peccato che è universale. Sia l'esperienza che la Bibbia testimoniano questa verità. La Bibbia mette in relazione le condizioni dell'uomo con quelle del peccato di Adamo. Il passo di Romani sopra citato, dice questo: «Poiché, per un uomo, il peccato è entrato nel mondo». Quando Adamo cadde, l'uomo divenne, per natura, un peccatore. Questo stato peccaminoso è chiamato con diversi nomi come: peccato ereditario, peccato originale, depravazione totale. Questa *inclinazione* della razza al peccato è diversa dagli *atti di peccato* prodotti da una scelta individuale.

2) LA NATURA DELLA MENTE CARNALE O LA SPIEGAZIONE DEL PECCATO EREDITARIO

Il termine «depravazione totale» deve essere chiarito; la frase è giusta se intesa nel suo vero senso; infatti, se indica l'aspetto terribile del peccato nell'uomo, il termine è esatto. La depravazione è di natura satanica, diabolica; è interamente cattiva, e coloro che la posseggono hanno in loro ciò che è infernale. Nondimeno, questo termine non è adatto se vuole dire che quelli che la posseggono sono interamente cattivi. Accade, infatti, che alcuni intendono proprio questo quando viene detto che l'uomo è interamente depravato; in realtà, fino a che uno è in vita non può mai raggiungere un tale stato. Solo dopo la morte può essere interamente cattivo senza che in lui rimanga qualcosa che possa cercare Dio. D'altra parte l'uomo che è nato nel peccato possiede il senso della giustizia e dell'ingiustizia e, la capacità di schierarsi dalla parte di Dio per fare ciò che è buono in se stesso. L'immagine di Dio in lui è stata guastata, ma non distrutta. Tuttavia, possiamo chiaramente definire, l'uomo decaduto, totalmente depravato se intendiamo dire che ogni singola parte della sua natura ha risentito degli effetti del peccato e che in tali condizioni non può salvarsi da se stesso.

Egli è senza forza, ma non senza possibilità di essere salvato.

3) IL CORPO NON È PECCAMINOSO

Un altro concetto da trattare è quello della relazione tra il peccato ed il corpo. Vi sono quelli che, pur membri della chiesa di Cristo, ritengono che il corpo sia peccaminoso di per se stesso, per cui, ritengono che l'uomo non può essere santificato o liberato dal peccato fino alla morte, ossia, quando sarà liberato dal corpo. Andando a ritroso nel tempo, troviamo questo concetto in Platone, il grande filosofo greco. Egli riteneva che la *materia*, fosse opposta all'*idea* o *forma*; quest'ultima era buona, mentre la prima cattiva; La *materia* resisteva e si opponeva al bene. Questo insegnamento platonico si armonizza, forse, con la teologia paolina? Molti studiosi rispondono a questa domanda in senso negativo.

Il termine greco tradotto « carne » è adoperato da Paolo in diversi sensi, ma mai per significare una materia completamente cattiva (Romani 7 e 8). La Bibbia non parla mai di una mente buona e di un corpo cattivo, come invece accadeva nella filosofia greca. Il corpo dell'uomo, come la sua anima, è stato creato buono; e quando esso cadde nel peccato, ciò avvenne per una libera scelta. La sua caduta non fu dovuta al corpo peccaminoso e neppure diede per risultato un corpo interamente cattivo.

Vi sono altri argomenti per provare che il corpo non è interamente cattivo. Paolo parla del corpo come il tempio dello Spirito Santo (1 Corinzi 6,19). Come potrebbe essere il tempio dello Spirito Santo se fosse, per natura, peccaminoso? Se un uomo vive in un corpo purificato dal peccato lo Spirito Santo ne fa la sua dimora. Inoltre, Cristo è venuto nella carne; Egli ebbe un corpo. Come avrebbe potuto abitare in un corpo peccaminoso? Non vi è alcun dubbio che Paolo sostenesse che Cristo ebbe un corpo realmente umano il quale era senza peccato.

L'insegnamento della Bibbia è sostenuto dalla ragione. Il corpo umano non è che una forma complicata di materia, e la semplice materia non può essere peccaminosa in se stessa. Una sedia non può costituire un peccato né essere peccaminosa; può essere uno strumento usato da un peccatore, ma non può essere un peccatore. Lo stesso è vero di un dito o di un piede, di una parte o di tutto il corpo umano (Romani 6,13).

Tuttavia, pur ammettendo che il corpo umano non è peccaminoso in se stesso, aggiungiamo che è stato guastato dal peccato. Il peccato ha lasciato le sue tracce nel corpo, infatti, malattie ed infermità ci circondano da ogni parte. Anche coloro che sono santificati sbagliano, perché i loro pensieri passano attraverso un cervello il quale porta le cicatrici del peccato.

Anche l'universo fisico, come il corpo, porta i segni del peccato. La natura come è stato detto è « un re spodestato ».

CAPITOLO DUE: L'UOMO

L'uomo è per natura peccaminoso perché vive in un corpo che è stato guastato a dal peccato e anche l'universo fisico che lo circonda, e del quale egli ne fa parte, a motivo del suo corpo, è colpito dagli effetti del peccato. Non c'è da meravigliarsi allora, se la società che vorrebbe costruire si trovi ben lontana dall'ideale.

4) Il PROBLEMA GENERALE DEL PECCATO E DELLA SOFFERENZA

Il prossimo capitolo di questo libro avrà per soggetto « Cristo ». Studieremo la persona e l'opera di Cristo e impareremo a conoscere il meraviglioso piano divino per innalzare l'uomo dallo stato terribile nel quale egli è caduto a causa del peccato. Prima di procedere, tratteremo brevemente il problema generale del peccato e della sofferenza poiché, nonostante l'opera di Dio in Cristo, vi è, e vi sarà ancora, il peccato e tanta sofferenza nel mondo.

Perché, dunque, Dio ha creato l'uomo? Come possiamo noi, alla luce del peccato dell'uomo e delle sue conseguenze, giustificare le vie di Dio per l'uomo?

I teologi, spesso, definiscono il peccato « male morale » e la sofferenza « male naturale ». È piuttosto facile credere che Iddio non volesse il peccato; da Essere santo, non poteva creare il peccato. D'altra parte la sofferenza è spesso indicata come un aspetto naturale della vita, come ben ci suggerisce il fatto di essere definito « male naturale ». Tuttavia, Dio non è responsabile delle sofferenze come non lo è del peccato, nel senso più vero del termine. Il peccato è il risultato della volontà di altri esseri morali al di fuori di Dio e la sofferenza è la diretta o indiretta conseguenza del peccato. Se questo mondo fosse libero dal peccato, non vi sarebbe la sofferenza.

Mentre siamo sicuri che Dio non vuole il peccato e la sofferenza, siamo parimenti sicuri che Egli ha permesso la possibilità di peccare e quindi la sofferenza. Quando Dio ha creato l'uomo come un essere moralmente libero, ha creato anche la possibilità di scegliere anche il male. Diremo in altro modo, Dio ha dovuto permettere la possibilità del peccato e della sofferenza per rendere possibile la giustizia e la felicità. Dobbiamo ricordarci che vi sono cose che Dio non può fare. Egli non può contraddirsi, non può creare l'uomo libero e nel contempo non libero ma offre la possibilità di poter divenire Giuda o Paolo. Dio si è trovato di fronte alla medesima situazione dei genitori ai quali è dato loro di scegliere tra due figli — uno che potrebbe diventare un moderno Nerone ed un altro un moderno Paolo — oppure non avere figli. Iddio doveva creare la possibilità del bene e del male nell'uomo, oppure, non creare affatto l'uomo. Ha scelto la prima alternativa. Iddio ha creato la possibilità del peccato sapendo che l'uomo ne avrebbe fatto una realtà. Tuttavia, Egli avrebbe vinto il peccato che aveva reso possibile; mediante la sua infinita sapienza e potenza alla fine, avrebbe offerto all'uomo la possibilità di recuperare la sua gloria. Malgrado il peccato, ci sarebbe stata la vittoria. Pur non riuscendo a ben spiegare tutto possiamo riuscire a comprenderlo. Dio è supremamente interessato ad un universo che è sia personale che morale; in tale universo la bontà che è scelta è superiore alla bontà meccanica, (se vi potesse essere una tale bontà) cioè una bontà imposta. Un uomo buono che ha scelto di seguire Dio, si svilupperà in un essere di maggior valore di un altro che ha scelto di vivere contro Dio, sulla via della degenerazione. Il risultato finale del primo caso, sarà quello di una società di persone sante che controlleranno l'universo. Quelli che non cooperano con Dio in questa grande impresa non saranno annichiliti, ma per conseguenza della loro libera scelta, saranno inutili nell'universo. Quello che si raggiungerebbe, allora, sarebbe di gran lunga superiore a quello che si potrebbe ottenere in un mondo senza libero arbitrio.

Riguardo alla sofferenza, che è, come abbiamo già detto, un risultato diretto o indiretto del peccato, possiamo dire che anch'essa può essere trasformata in bene quando viene affrontata con un giusto atteggiamento. Ogni calamità può divenire occasione di lode a Dio se gli uomini cooperano, se tutte le cose contribuiranno al bene di quelli che amano Iddio, che sono chiamati secondo il suo proponimento (Romani 8,28). L'imperativo è « aver fede ». Forse nel momento di sofferenza, non siamo capaci di comprendere subito che questa è per il nostro bene, ma se persevereremo ci verrà rivelato o in questa terra o nel cielo. Qui è il luogo dove noi dobbiamo scegliere tra il *piacere* ed il *carattere*. Il carattere, in un mondo dove è presente il peccato, può svilupparsi solo grazie alla libera scelta ed alla sofferenza. Questo è, anche, un altro modo di affermare che la santità è più importante della felicità. In un mondo ideale, esse sarebbero proporzionate l'una all'altra, ma non nel mondo in cui viviamo, un mondo nel quale vi è il peccato e dove sono visibili le sue conseguenze.

CAPITOLO TRE

La Persona di Cristo

1) IDDIO IMPRIGIONATO

« Nel principio era la Parola e la Parola era con Dio e la Parola era Dio... e la Parola divenne carne ed abitò tra noi » (Giovanni 1,1 e 14).

Cosa vuoi dire che la Parola divenne carne ed abitò tra noi? In che modo le nature, umana e divina, sono unite in una persona? Questo vuol dire che la parola eterna è stata limitata e circoscritta? Possiamo definire la « Parola » fatta carne come Dio imprigionato, la cui infinitezza fu, inizialmente, circoscritta nel seno di Maria.

La coscienza attiva del figlio di Dio ha dovuto esprimersi mediante l'autocoscienza passiva dell'umana natura nella sua infanzia. Quando affermiamo che tutto ciò è stato intendiamo dire che Egli non poteva fare a meno di compiere quello che scelse di fare. Non fu qualcosa che imposto arbitrariamente, ma qualcosa che si trovava inevitabilmente sul suo sentiero di Redentore e che Egli desiderava sopra ogni altra cosa. Questa limitazione della Parola eterna è chiaramente espressa nel Nuovo Testamento. Nel XVII capitolo del vangelo di Giovanni, Cristo prega il Padre di ristabilire in Lui la gloria che Egli, il Figlio, aveva presso di Lui, il Padre, prima che il mondo fosse (Giovanni 17,5).

È detto di Lui che divenne povero per amore nostro, ossia che Egli lasciò il pieno esercizio delle sue ricchezze e della sua divinità per amor nostro (2 Corinzi 8,9). Questo medesimo pensiero si ritrova in Filippesi 2,8, dove leggiamo: « Che questa mente sia in voi, la quale era in Cristo Gesù: il quale essendo in forma di Dio, non reputò rapina l'essere uguale a Dio, ma annichilì se stesso prendendo forma di servo, divenendo simile agli uomini, ed essendo trovato nell'esteriore come un uomo, abbassò se stesso, facendosi ubbidiente fino alla monte, e alla morte sulla croce ».

È qui evidente l'umiliazione, l'accoglienza della vita più limitata di quella che aveva prima, senza che questo significhi che Gesù abbandonò la sua essenza divina, ma piuttosto che Egli volontariamente accolse delle restrizioni. Studiando più accuratamente queste limitazioni, o questo imprigionamento, notiamo che la Parola Eterna fu imprigionata in un corpo umano come quello che limita anche noi. Ci limita perché il corpo è sottoposto al tempo che noi vorremo impiegare più per i valori dello spirito: i corpi debbono essere nutriti, vestiti, e devono riposare. Inoltre, nulla di quello che noi diciamo o facciamo esprime pienamente e correttamente l'*io* o lo *spirito* dentro di noi. Tuttavia, questo è quanto abbiamo sempre conosciuto avendo sempre avuto dei corpi. In Cristo le cose cambiano: prima della Sua incarnazione, non aveva un corpo e godeva la piena libertà del puro spirito. Quanto deve aver trovato inadeguato il corpo fragile dell'infante, nel quale prese la dimora nel principio! È per noi impossibile comprendere la situazione nella quale Egli si venne a trovare.

CAPITOLO TRE: LA PERSONA DI CRISTO

Altro modo di presentare questa condizione è di pensarla in termini di spazio. Il corpo non può essere in posti diversi nel medesimo tempo. Gesù nella sua vita preesistente era onnipresente. Egli non conosceva le limitazioni spaziali e come deve essere stato differente per Lui, l'essere limitato in un corpo! La differenza tra un aeroplano ed un carro trainato da buoi è davvero grande, ma non può paragonarsi a quella tra l'onnipresenza e le limitazioni spaziali incluse in un corpo finito.

La parola Eterna fu imprigionata in una natura umana. La sua divina volontà onnipotente, fu legata alla volontà umana. Nel caso di Cristo, noi abbiamo la divina onnipotenza, Colui che ha creato i mondi, che accoglie l'umana impotenza, dalla fanciullezza alla maturità. Questa limitazione della seconda Persona della Trinità, a motivo della sua unione con la natura umana, fa si che la onniscienza si esprima mediante l'intelletto umano. Il ragazzo parla come un ragazzo e l'adulto come un adulto; la differenza fra l'intelletto di un fanciullo e quello di un adulto è veramente grande, e la differenza tra un'intelligenza media di un adulto e quella un genio è difficile a comprendere. Chi sono io con il mio intelletto ordinario quando mi pongo a confronto coi giganti intellettuali del passato e del presente? Non siamo in grado di paragonarci a Platone, Aristotele, Paolo, Agostino, Lutero, Einstein, Dewey e Dante. Questi uomini hanno influenzato il pensiero del mondo. Alcuni di loro hanno scritto una grande quantità di libri e centinaia di articoli. All'opposto, abbiamo i pigmei dell'intelletto, ed oltre a questi, la mente dei fanciulli ancora in sviluppo, ma la differenza, per quanto sia grande, è sempre insignificante quando la si confronti con le condizioni mentali che separano l'onniscienza e il migliore intelletto umano. Gesù Cristo personificò questa situazione quando fu incarnato; la Sua onniscienza fu unita all'intelligenza finita e, per questo motivo, fu costretto a limitare le sue azioni in un campo finito.

Anche le limitazioni nell'ambito del sentimento e delle emozioni sono enormi. Il cuore di Cristo è un'arpa dalle molte corde; il Suo amore è infinito e non c'è nessuna meraviglia se cantiamo spesso, riguardo al suo carattere senza macchia, le belle parole:

> *Amor, perfetto amor,*
> *O amor, o grande amor;*
> *Gesù per noi dal ciel discenderà,*
> *Nella gloria si rivelerà.*

Non solo la quantità del Suo amore è incommensurabile, ma anche la sua qualità. La finezza e la sensibilità del suo discernimento sono al di là di qualsiasi confronto. L'intera vita psichica di Cristo incarnato dovette sottomettersi all'esperienza del tempo; il grande *Uno*, il grande *Io sono*, per il quale non vi è passato, presente e futuro, fu legato al presente, all'umano e al finito. La Parola Eterna, non solo fu imprigionata in un corpo ed in una natura umana, ma anche in un ambiente peccaminoso.

Chi può immaginare il peso di tutto ciò per il Figlio di Dio? Passando dall'eternità del cielo alla temporalità della terra, il Cristo certamente soffrì nell'ambiente di peccato di questo mondo nel quale era disceso. Nessuna traccia di

CAPITOLO TRE: LA PERSONA DI CRISTO

peccato è presente in Lui ed Egli proviene da un luogo nel quale non vi è peccato alcuno. L'inferno di questo mondo di peccato deve aver grandemente addolorato la Sua anima.

Vi fu un altro ostacolo che Gesù dovette affrontare nella realtà peccaminosa di questo mondo. A causa del peccato, gli uomini avevano difficoltà a comprendere la sua gravità ed i suoi effetti malefici. Talvolta deve essere sembrato a Cristo impossibile far intendere il suo messaggio. Pur parlando sovente di un regno spirituale, un Regno che avrebbe dovuto essere stabilito nel cuore degli uomini, molti dei suoi seguaci continuarono a pensare ad un regno politico con Lui come re e Gerusalemme come la capitale del mondo. Egli aspettò lungamente prima di parlare della Sua morte; pensava che l'avrebbero compreso, ma non fu così. Pietro disse: « Sia questo lungi da te, Signore » (Matteo 16,22). Parlò alla donna samaritana dell'acqua della vita e lei la confuse con l'acqua fisica (Giovanni 4,1-12). Possiamo scusare questa sua mancanza di visione spirituale sapendo che era una grande peccatrice ed una donna illetterata; ma troviamo la stessa incomprensione in Nicodemo, dottore della legge ed uomo certamente molto religioso. Gesù gli annunziò il messaggio della nuova nascita, ma egli non lo comprese. Nicodemo gli disse: « Come può un uomo nascere quand'è vecchio? Può egli entrare una seconda volta nel seno di sua madre e nascere? » (Giovanni 3,4-5). La notte prima della Sua crocifissione, Gesù diede il Suo addio ai Suoi seguaci lì presenti. Essi avrebbero dovuto comprendere, ma ciò non avvenne. Ascoltate la conversazione con Filippo: « Se voi aveste conosciuto me, avreste conosciuto anche il Padre: in me voi potete conoscere e vedere Lui ». Filippo gli disse: « Signore mostraci il Padre e questo ci basta ». Gesù gli disse. « È lungo tempo che io vivo con voi e tu non mi hai conosciuto, Filippo? Chi mi ha veduto ha veduto il Padre » (Giovanni 14,7-9). Quanto dolore patì il cuore di Gesù di fronte a questa deficienza spirituale! Nondimeno, queste erano le persone che avevano avuto le migliori opportunità per ben conoscerlo. Per alcuni mesi erano stati ai piedi del più grande maestro che sia mai esistito. Il compito di Gesù fu più difficile che insegnare ad un deficiente la matematica, la logica o la dottrina della Trinità!

Scendendo sulla terra, un'altra limitazione alla quale Gesù dovette e volle sottoporsi, fu quella dei circostanti disordini cosmici. La natura ha i suoi elementi disarmonici: terremoti, cicloni, tornado, diluvi ed altre catastrofi. Tutto ciò contribuì a complicare i suoi piani.

Tutti questi condizionamenti, le limitazioni del corpo umano, la natura umana, le circostanze dell'umanità peccaminosa, i disordini cosmici che Cristo ha incontrato quando si è incarnato, non solo impedirono la manifestazione della Sua divinità quando Egli s'incarnò, ma crearono anche degli ostacoli alla sua comunione con la Trinità. La divinità non poteva completamente evitare gli effetti della incarnazione. Pur se, entro certi limiti, la piena divinità di Gesù rimase sempre intatta ed Egli avrebbe potuto risorgere da una tale situazione tutte le volte che lo avesse voluto, quanto fece fu soltanto per il bene dell'umanità, compresi i miracoli che operò, che non furono mai per un beneficio personale. Se lo avesse fatto sarebbe stato a detrimento della Sua incarnazione; avrebbe potuto chiamare dieci legioni di angeli per respingere

CAPITOLO TRE: LA PERSONA DI CRISTO

la folla adirata che venne per arrestarlo, ma ciò gli avrebbe impedito di attuare pienamente il Suo piano di redenzione.

2) L'IDDIO RIVELATO

L'incarnazione dal punto di vista della divinità, fu un imprigionamento, ma dal nostro punto di vista, fu una rivelazione. In Gesù abbiamo la suprema rivelazione di Dio. Egli fu veramente « Dio con noi » (Matteo 1,23). L'uomo è stato così accecato dal peccato da non poter più comprendere il carattere di Dio per mezzo della natura, anch'essa corrotta dal peccato; fu necessaria una rivelazione che avrebbe potuto essere un supplemento al messaggio della natura. L'Iddio nella carne era un Dio concreto, un Dio che poteva essere veduto e toccato, un « Dio con noi » che agisce tra di noi in modo onnipotente e onnisciente. Meglio ancora, in Lui, noi siamo di fronte alla santità di Dio ed alla Sua vita perfetta, al Suo grande amore nella sua immensa e sempre presente compassione. Il Suo insegnamento immacolato si adatta alla Sua rivelazione suprema e la completa.

L'incarnazione indica la manifestazione di Dio e ciò è dimostrato dall'affermazione di Giovanni che la Parola divenne carne. La Parola è una rivelazione che ha, come compito, quello di rivelare il pensiero. Parimenti, il proponimento dell'incarnazione è quello di rivelare il pensiero, la mente, la personalità di Dio agli uomini. Questa Parola che divenne carne ed abitò tra noi era « piena di grazia e verità ». L'apostolo Giovanni dice giustamente « noi abbiamo contemplato la sua gloria, gloria del primogenito proceduto dal Padre » (Giovanni 1,14). Queste citazioni contengono in sé l'idea della rivelazione. Inoltre, Giovanni dice ancora: « Nessuno ha veduto Dio; l'unigenito Figliuolo di Dio, che è nel seno del Padre è quel che l'ha dichiarato » (Giovanni 1,18). La Parola incarnata è la rivelazione di Dio agli uomini. Matteo si unisce a Giovanni nelle parole memorabili ricordate nel ventisettesimo versetto dell'undicesimo capitolo: « Tutte le cose mi sono state poste in mano dal Padre e nessuno conosce il Padre se non il Figlio e nessuno conosce il Figlio se non il Padre e colui al quale Egli lo ha rivelato ». Paolo e tutti gli altri scrittori del Nuovo Testamento si uniscono a questo coro di voci nel dichiarare che Gesù Cristo è la rivelazione di Dio. L'Eterna Parola, all'incarnazione, rivelò Dio al mondo. Infatti, qualsiasi argomento sulla divinità di Gesù Cristo conferma la verità che la incarnazione di Dio significa: « Dio con noi! »

3) UN DIO PIÙ GRANDE

Cristo ha portato a noi, non solo un Dio imprigionato, un Dio rivelato, ma anche un Dio più grande, arricchito. Il Figliuolo di Dio non poteva soffrire e morire come soffrono e muoiono gli uomini, ma Lui che in una persona è il Figliuolo di Dio ed il Figliuolo dell'uomo poté soffrire e morire. Questa unione della umanità e della divinità apre un nuovo ciclo alla Parola Eterna. Prima della incarnazione, egli conosceva le sofferenze umane e la morte per mezzo di teorie, più che qualsiasi essere umano, ma non aveva una conoscenza sperimentale di queste realtà. La sua incarnazione lo ha posto nell'ambito di tali esperienze.

Gesù Cristo incarnato ha affrontato le tentazioni come le affrontano gli esseri umani, pur non essendovi alcun peccato nella Sua natura umana. Questo gli permise di essere tentato

CAPITOLO TRE: LA PERSONA DI CRISTO

in tutto come uno di noi. Avrebbe potuto peccare l'Iddio uomo? Certamente! Se così non fosse le sue tentazioni sarebbero state una farsa. Non vi è tentazione genuina dove non vi è possibilità di peccato. Il Cristo che passò attraverso la vita terrena senza peccato non mi sarebbe di alcuna ispirazione se Egli non avesse peccato solo perché non poteva peccare. Egli non peccò, perche non volle peccare; scelse di non cadere in tentazione. Nell'ambito delle azioni morali (non vale il potere o non potere, ma il volere o non volere).

Che la Parola Eterna si sia arricchita per mezzo della sofferenza e della morte anche dalle tentazioni, è indicato chiaramente nell'epistola agli Ebrei, dove si afferma che Cristo fu reso perfetto per mezzo delle sofferenze (Ebrei 2,10). Egli può, perciò, soccorrere colui che è tentato avendo Egli stesso sofferto la tentazione (Ebrei 2,18). Inoltre, noi possiamo andare con confidenza davanti al trono della grazia per ottenere misericordia ed aiuto, perché abbiamo un Sommo Sacerdote che comprende le nostre infermità essendo stato tentato in ogni cosa come uno di noi (Ebrei 4,15, 16). Che cosa vogliono dire queste parole se non che la Parola Eterna è stata arricchita per mezzo delle sofferenze (compresa la Sua morte) e per mezzo delle tentazioni, ossia per mezzo di tutte le limitazioni che Egli ha avuto a motivo della Sua incarnazione? Noi non conosciamo il valore di questo arricchimento di Dio stesso, ma sappiamo che ha avuto un grande valore nelle sue relazioni con gli uomini perduti.

4) LA LIBERAZIONE DELL'UMANITÀ

Abbiamo parlato dell'umiliazione di Dio, della Sua rivelazione, del Suo arricchimento, e facendo così abbiamo considerato gli aspetti del Figliuolo di Dio in relazione alla Sua esistenza incarnata sulla Terra. Nondimeno, il nostro ragionare sulla persona di Gesù Cristo sarebbe incompleto se non parlassimo anche della rivelazione e dell'umanità liberata. È nel Cristo Dio-uomo che noi vediamo l'umanità nel suo aspetto migliore, l'umanità non amareggiata dal peccato esterno ed interno. Comprendiamo, così, quello che potrebbe essere l'umanità liberata dal peccato interno ed esterno e ciò dovrebbe stimolare tutti gli uomini a cercare la liberazione dal peccato originale e dal peccato attuale. Gloria a Dio per la possibilità di una umanità liberata della quale Gesù Cristo ce ne ha dato un esempio!

L'opera di Cristo, o l'espiazione

1) LA MORTE DI GESÙ CRISTO

La morte di Gesù Cristo non fu la morte di un eroe umano, o un semplice martirio. Essa fu la morte di Dio incarnato, una persona che univa in se stessa il Figliuolo di Dio ed il Figliuolo dell'uomo. Come tale, la morte di Gesù Cristo fu unica, cioè, unica nel suo genere. Noi ringraziamo Iddio per i martiri di tutti i tempi: Stefano, Paolo, Policarpo, Savonarola, e gli uomini e le donne, le quali in più di una nazione, anche nel tempo presente, pagano a prezzo della vita la loro fedele testimonianza cristiana. Essi sono un vanto per la causa di Cristo ed un'ispirazione per tutti i seguaci dell'umile Nazareno. Nondimeno, non vi è potenza salvatrice nella loro morte. Solo la morte di Cristo ha efficacia di salvezza. Nella morte di Colui che fu nel tempo stesso il Signore della Gloria ed il

CAPITOLO TRE: LA PERSONA DI CRISTO

Figlio dell'uomo noi troviamo un'importanza che non possiamo incontrare altrove.

Le scritture che trattano della morte di Cristo possono essere classificate come segue: 1) quelle che si riferiscono alla Sua morte; 2) quelle collegate alla Sua morte e alla nostra salvezza; 3) quelle che cercano di spiegare in quale maniera la Sua morte rende possibile la nostra salvezza.

a) Quelle che si riferiscono soltanto alla Sua morte, sono le scritture che ci parlano degli avvenimenti ad essa concernenti. Ognuno dei quattro vangeli ci da il racconto dell'arresto, processo e crocifissione di Gesù Cristo. Circa un terzo od un quarto dello spazio di ogni vangelo è occupato dal racconto degli avvenimenti della settimana di Passione. Molto di questo spazio è dato al racconto della morte di Cristo ed agli avvenimenti che, ad essa, conducono.

Vi sono altri passi che si riferiscono a tale avvenimento. In Matteo 16,21 abbiamo queste parole: « da quel tempo Gesù cominciò a mostrare ai Suoi discepoli come Egli doveva andare a Gerusalemme e soffrire molte cose dagli anziani, dai capi sacerdoti e dagli scribi, essere ucciso e risuscitare il terzo giorno ».

Pietro rimproverò Gesù perché parlava di morte, ma il Maestro lo riprese a sua volta, con queste parole: « Vattene via da me, Satana; tu mi sei di scandalo. Tu non hai il senso delle cose di Dio, ma di quelle degli uomini ». Questa conversazione tra Gesù e Pietro avvenne immediatamente dopo la grande confessione (Matteo 16,13-23). Gesù aveva già trascorso tre anni dall'inizio del suo ministero, ma ora inizia un'era nuova. Fino ad ora aveva taciuto sulla sua prossima morte, ma « da quel momento » cominciò a parlarne. Egli la presenta come necessaria, una necessità dovuta alla Sua determinazione di redimere l'uomo. Nondimeno, in quelle parole non specifica ancora la relazione tra la morte e la salvezza dell'uomo.

Nel diciassettesimo capitolo dell'Evangelo di Matteo vi è il maggior numero di riferimenti alla Sua morte. Il capitolo comincia con il racconto della Trasfigurazione. Il resoconto di Luca, di questo grande avvenimento, ci parla di Mosè ed Elia che discutono della Sua morte che sarebbe dovuta avvenire in Gerusalemme (Luca 9,30 e 31). Seguendo la storia della Trasfigurazione come ci è data da Matteo, Gesù accenna alle Sue future sofferenze e, più tardi nel medesimo capitolo, dice queste parole: « E mentre essi erano in Galilea, Gesù disse loro: Il Figliolo dell'uomo sarà tradito e dato nelle mani degli uomini; essi lo uccideranno ed il terzo giorno risusciterà » (Matteo 17,22, 23). Ancora non vi è un accenno in questi passi allo scopo della morte di Cristo.

b) La morte di Gesù Cristo e la nostra salvezza. Il secondo gruppo di scritture collega la morte di Gesù Cristo alla nostra salvezza. Vi è un passo importante, sia in Matteo che in Marco (Matteo 20,28 e Marco 10,45). Marco scrive così: « Poiché il figliolo dell'uomo non venne per essere servito, ma per servire e per dare la Sua vita quale prezzo di riscatto per molti ». Qui è implicito che Gesù diede la Sua vita per noi; e non solo è menzionata la Sua morte, ma essa è ricordata riferendola a noi ed ai nostri bisogni. Un altro riferimento è presente in ognuno dei tre vangeli (Matteo 26,26 e 29; Marco 14,25; Luca 22,17-20). Matteo riporta le parole del Maestro, nel modo seguente: « Mentre mangiavano, Gesù prese il pane, lo

CAPITOLO TRE: LA PERSONA DI CRISTO

benedì, lo ruppe, lo diede ai Suoi discepoli e disse: questo è il Mio Corpo. Ed Egli prese il calice, rese grazie, lo diede a loro e disse, bevetene, poiché questo è il mio sangue del Nuovo Patto, il quale è versato per molti, in remissione dei peccati ». Così Cristo ha istituito quella che noi chiamiamo la Santa Cena ed in relazione a questa Egli dichiara il significato della Sua morte per la nostra Salvezza.

Il suo sangue doveva essere versato per la remissione dei nostri peccati. Per acquistare una chiara comprensione dell'atteggiamento divino nei confronti del peccato ci basterà esaminare quale fosse il fine della morte di Cristo. La Scrittura dice: —Senza spargimento di sangue non vi è remissione (Ebrei 9,22). Ciò significa, infine, che non vi è remissione dei peccati senza il versamento del sangue di Gesù. Giovanni ricorda queste parole di Gesù: « Io sono il Buon Pastore: il Padre mi conosce ed anche io conosco Lui: ed io dò la mia vita per le pecore ».

Il Nuovo Testamento ha numerosi altri passi che appartengono a questo gruppo. Come Mosè alzò il serpente nel deserto, per coloro che erano stati colpiti dalla terribile malattia, così Cristo è stato innalzato per i peccatori (Giovanni 3,14 e 15). Gesù, a motivo delle sofferenze della morte, ha gustato la morte per ogni uomo (Ebrei 2,9). Egli ha partecipato alla nostra carne e sangue, affinché « per mezzo della morte distruggesse colui che ha l'imperio della morte, cioè il diavolo » (Ebrei 2,14). Cristo è morto per gli empi, ossia per i peccatori (Romani 5,6 e 8). Egli fu mandato per essere un'offerta per il peccato (Romani 8,3). Dio ha dato il Suo Figliuolo per noi tutti (Romani 8,32). Cristo è morto per i nostri peccati secondo le scritture (1 Corinzi 15,3). Egli morì e risuscitò per amor nostro (2 Corinzi 5,14 e 15). Cristo ha dato se stesso per i nostri peccati (Galati 1,4). Egli fu offerto per portare i peccati di molti (Ebrei 9,28). Egli ha portato i nostri peccati sul Suo corpo sul legno (1 Pietro 2,24). Nell'Apocalisse si parla di una innumerevole moltitudine la quale « aveva lavato i propri vestiti e li aveva imbiancati nel sangue dell'Agnello » (Apocalisse 7,14). Cristo « ha dato se stesso per noi, come offerta ed un sacrificio di odor soave » (Efesini 5,2). Giovanni il Battista vide Gesù venire e disse: « Ecco l'Agnello di Dio, che toglie il peccato del mondo » (Giovanni 1,29).

c) In che modo la morte di Cristo produce la nostra salvezza? Quelle scritture che appartengono al terzo gruppo su menzionato, ci danno alcune indicazioni su come la morte di Cristo renda possibile la nostra salvezza. Una cosa è citare un fatto – questo è quanto fanno le scritture citate nel secondo gruppo - mentre tutt'altra cosa è spiegare il fatto stesso. Il Nuovo Testamento ha molto da dire riguardo al fatto dell'espiazione, ma non si dilunga nella spiegazione del fatto. Noi tutti crediamo, se siamo veri cristiani, che il sangue di Gesù Cristo ci ha provveduto la salvezza, ma quanti di noi sanno perché questo avviene? Perché fu reso necessario che Cristo morisse per poter essere salvati? Che cosa è che rende possibile al sangue di Gesù salvare i peccatori? Le risposte a queste domande si possono trovare per gran parte negli scritti di San Paolo. Egli è il grande teologo del Nuovo Testamento.

In Romani 3,24-25 leggiamo: « Essendo giustificati gratuitamente per la Sua Grazia per mezzo della redenzione che è in Gesù: il quale Iddio ha dato per la propiziazione dei nostri

CAPITOLO TRE: LA PERSONA DI CRISTO

peccati per mezzo della fede del Suo Sangue...». Qui si parla di Gesù come Colui che è stato dato per essere una propiziazione. Il termine «propiziazione» è stato molto discusso dai teologi: riguardo al suo significato vi sono molte opinioni differenti. Nondimeno, in qualunque modo la si interpreti, non si può negare l'idea della *propiziazione*; ma, che cosa dobbiamo intendere con questo termine? Certamente Propiziare, intende il mezzo o il modo mediante cui, qualcuno, si rende propizio, o accettabile. Quando San Paolo dice che Cristo ha dato il Suo sangue per essere una *propiziazione*, offerta per fede, evidentemente il pensiero dell'apostolo è questo: «La morte di Gesù Cristo è il mezzo espiatorio mediante il quale Dio cancella il peccato in chi ha fede». Tutto ciò indica che vi è qualcosa compiuto da Dio, mediante il sangue versato da Gesù Cristo, il quale rende possibile essere salvati, purché siano adempiute certe condizioni. È qui evidente il ruolo che Dio riveste nell'espiazione.

In questo gruppo, il secondo passo si trova anch'esso in Romani. Si legge quanto segue: «Poiché, se mentre eravamo nemici, siamo stati riconciliati con Dio per mezzo della morte del Suo Figliuolo, in più, essendo riconciliati noi saremo salvati per la Sua vita. E non solo questo, ma noi ci rallegriamo in Dio per mezzo del Signore Gesù Cristo per il quale ora abbiamo ricevuto la riconciliazione» (Romani 5,10-11). La parola importante in questo versetto è «riconciliazione», che sembra avere lo stesso significato riscontrabile in Colossesi 1,11, 1,22 e 2 Corinzi 5,18 e 19. Il grande dilemma di questa parola che se essa si riferisce alla riconciliazione di Dio con i peccatori o alla riconciliazione dei peccatori a Dio. Detto altrimenti, il problema è se il cambiamento prodotto dalla riconciliazione avvenga in Dio o nell'uomo. Noi siamo d'accordo con quelli che ritengono che il cambiamento sia principalmente in Dio.

Da notare, che è più sulla riconciliazione di Dio verso i peccatori che sulla riconciliazione dei peccatori verso Iddio che dovremmo porre l'accento in relazione ai su citati passi della scrittura. Esaminando accuratamente i versetti potremo comprendere meglio l'interpretazione più corretta. Il versetto citato dice esattamente che la riconciliazione di Dio verso di noi per mezzo del Suo Figliuolo e della Sua morte, avvenne, quando eravamo ancora nemici. Se avvenne quando eravamo nemici non può essere la riconciliazione dell'uomo a Dio. Nella seconda lettera ai 2 Corinzi 5,18, 19 è detto che Iddio ha riconciliato in Cristo il mondo a Se stesso. Questo è particolarmente lo stesso pensiero che abbiamo, a proposito della parola *propiziazione*. Qui Iddio è presentato come uno che si rende *propizio* o favorevole ai peccatori per mezzo della morte di Cristo. Egli si mostra riconciliato con i peccatori per mezzo del sacrificio che Cristo ha compiuto. Ciò non significa che non vi sia riconciliazione dell'uomo con Dio, poiché è implicita nella riconciliazione tra Dio e l'uomo. La prima è il dono, la seconda scaturisce dall'accoglienza del dono di Dio.

L'ultimo ed il più importante dei tre versetti si trova in Romani 3,25 e 26, con un accento speciale sul versetto ventisei: « Dio lo ha prestabilito come sacrificio propiziatorio mediante la fede nel suo sangue, per dimostrare la Sua giustizia avendo usato tolleranza verso i peccati commessi in passato, al tempo della sua divina pazienza; e per dimostrare la sua

CAPITOLO TRE: LA PERSONA DI CRISTO

giustizia nel tempo presente affinché egli sia giusto e giustifichi colui che ha fede in Gesù». La morte di Cristo ha reso possibile la salvezza per voi e per me, perché essa fu una dimostrazione sufficiente della santità e giustizia di Dio. Essa rivela pienamente la santità di Dio, in modo che Egli rimanga santo pur santificando ogni uomo che ha fede in Gesù Cristo (i termini *giusto* e *giustificatore* vengono dalla stessa radice greca dalla quale deriva la parola *giustizia*. Non alteriamo, perciò, la verità se traduciamo quelle parole giusto o santo). Qui si trova la grande difficoltà che richiede, da parte di Dio, un infinito sacrificio per superarla. Il grande problema di Dio è quello di salvare l'uomo e, nel contempo, non venire meno alla Sua santità; Egli deve trovare un mezzo per salvare l'uomo mantenendo la Sua santità. Dio non può trattare il peccato con leggerezza mantenendo l'integrità del Suo carattere santo. Una vera teoria dell'espiazione deve trovare nella morte di Cristo l'espressione dell'amore di Dio per l'umanità, amore che sorpassa qualunque altra cosa nell'universo, mantenendo, nello stesso tempo, l'odio supremo di Dio contro il peccato. Apparentemente, sembra che questi attributi siano posti l'uno contro l'altro: l'amore di Dio vs. la santità. Per questo motivo, proponiamo la verità in altra maniera: la santità e l'amore santo di Dio richiedono che Dio stesso faccia tutto quello che un Dio infinito può fare per riscattare l'uomo dalle profondità del peccato; ed egli non ha alcuna esitazione a farlo pur non offrendo la salvezza a spese della sua santità.

2) LA GLORIA DELLA CROCE

Non dobbiamo confondere *il dono* che è stato elargito all'uomo per la sua salvezza e *la sua salvezza* attuale. Il dono è per tutti gli uomini. L'espiazione è universale. Nel Nuovo Testamento troviamo molti passi comprovanti l'universalità della salvezza. D'altra parte, la salvezza dell'uomo dipende dall'accoglienza ch'egli fa di questo dono offerto per la morte di Cristo Gesù. Proprio come il Nuovo Testamento insegna l'universalità di questo dono, insegna anche che alcuni non lo accetteranno. Noi sosteniamo l'universalità della espiazione, ma non l'universalità della salvezza. Vi sono coloro che, a motivo della loro libertà di scelta, rigettano l'offerta della misericordia concessa loro per mezzo della espiazione. L'espiazione è qualcosa che l'Iddio trino ha operato indipendentemente dalla volontà dell'uomo, mentre la salvezza è ciò che Dio opera d'accordo con la volontà dell'uomo; quindi, se la volontà dell'uomo in questo caso, viene a mancare, il proponimento di Dio è impedito.

Abbiamo notato come la morte di Gesù Cristo stia al centro della dottrina della salvezza; è l'evento più formidabile e significativo di tutta la storia. Dalla cupa roccia del Calvario, circondato dall'odio umano, il Figlio Eterno ha offerto se stesso, al colmo di una grande tragedia. Nella Sua infinita esperienza ha provato la morte umana, la Sua eterna coscienza identificata con quella della creatura, nella più completa solitudine di morte. Il Padre ha perduto il Figlio, questi ha perso il Padre! La Trinità ha subito una sottile forma di violenza; la divinità è stata turbata!

Dio, per la sua condanna morale sul peccato, pur rimanendo nell'amore, accetta questa estrema tragedia. Il Figlio incarnato muore come muore un uomo! L'Eterno Padre è allontanato dalla comunione con il Suo Figliuolo; è turbato

CAPITOLO TRE: LA PERSONA DI CRISTO

come un uomo può essere turbato. L'amore salvatore subisce una cicatrice, nella coscienza infinita che è inesauribile, come la memoria di Dio! Nell'incarnazione Dio ha subito una trasformazione; ha aggiunto la creaturalità umana alla Sua gloria trinitaria, avendo accolto in sé non solo l'incarnazione, ma anche la tragedia della morte per amore all'uomo. Sì, qui scorgiamo il vero amore. Non già che noi abbiamo amato, ma è Cristo che ci ha amato, è Dio che ci ha amato. Vi è solo un amore - l'amore Eterno di Dio - l'amore espresso da Betlemme al Calvario per i poveri peccatori. Ricorda, i pensieri di Dio sono universali e splendenti. Ricorda, le relazioni dell'universo sono assolute come la matematica. Il simbolo dell'amore di Dio è la santità, e questo amore di Dio, si dona per la salvezza dei peccatori.

Ma il culmine di questo amore è che Dio ci ha amato anche quando noi lo abbiamo maledetto; abbiamo gettato su di Lui il nostro odio quando la Sua onnipotenza pendeva, apparentemente senza forza, da una croce. Ancor più in quel momento, manifestando appieno il Suo amore, Egli ci amava. Compì un tale atto di sacrificio personale che nessun cristiano, nessun santo nell'eternità, può rammentarlo senza soffrire.

CAPITOLO QUATTRO

Lo Spirito Santo

Lo Spirito Santo operante individualmente

1) LA CONVERSIONE, IL PENTIMENTO, LA FEDE

La morte di Gesù Cristo ha provveduto la salvezza per tutti gli uomini. Se non vi fosse stato il Cristo divino con la Sua morte e conseguente espiazione, non vi sarebbe alcuna speranza di salvezza per alcun essere umano. Ma il dono, quantunque necessario, non è sufficiente, di per se stesso, come garanzia della salvezza umana. Non è sufficiente che il sangue di Gesù Cristo sia stato versato, esso deve ancora essere posto nel cuore di ciascun peccatore.

Questa applicazione del sangue alle anime bisognose è l'attività specifica dello Spirito Santo, la terza persona della Trinità. Egli è l'agente efficiente nella salvezza dell'uomo come il sangue della seconda persona nella Trinità è l'agente che l'ha procurata.

Cristo fu profetizzato, venne e compì la Sua opera sulla terra. Poco dopo la Sua Ascensione, lo Spirito Santo discese sopra i centoventi radunati nell'alto solaio di Gerusalemme (Atti 2,1-13). Ciò segnò l'inizio del Suo *giorno*, in altre parole, avvenne l'inizio dell'era della salvezza personale. Quando Dio decise di provvedere la salvezza volle renderla attuale nel cuore del peccatore senza aspettare che sia l'uomo ad andare da Lui o a cercarLo per mezzo di Cristo. Egli va e lo cerca per mezzo dello Spirito Santo e la Sua presenza, sempre attiva nel mondo.

Il Vangelo di Giovanni descrive questa opera iniziale dello Spirito Santo il quale convince il mondo (Giovanni 16,8-11). Convince il mondo di peccato, di giustizia e di giudizio. Per svegliare i peccatori, li convince della loro condizione peccatrice.

Non vi è alcuna speranza per loro quando essi si considerano giusti. Il fariseo e il pubblicano pregavano, il primo non ottenne perdono, mentre il secondo sì; qual era la differenza tra i due? Il fariseo passava il tempo nel parlare a Dio della sua giustizia, una giustizia che non possedeva, ma questo non avveniva per il povero pubblicano. Egli chiedeva a Dio di essere misericordioso verso di lui peccatore (Luca 18,8 e 14).

Il primo passo della *conversione* è quello di essere *—convinti del peccato*. Ma colui che è convinto del peccato non deve essere lasciato in quella condizione. Deve essere convinto anche della *giustizia*, cioè che vi è qualcosa di veramente degno che deve essere raggiunto. Far sì che un uomo sia convinto del suo bisogno lasciandolo in quella condizione, significa renderlo disperato.

Lo Spirito Santo *convince del peccato e della giustizia*. La seconda parte dell'opera dello Spirito Santo è tanto necessaria quanto la prima.

Oltre il convincimento del peccato e della giustizia deve esserci anche quello di un giudizio futuro. Il peccato è una terribile malattia dell'uomo, e come tale non è così facile eliminarlo. Vi possono essere pertanto, coloro che pur essendo convinti di peccato e di giustizia, non escono dalla loro

CAPITOLO QUATTRO: LO SPIRITO SANTO

penosa condizione. L'inerzia naturale, connessa al loro vecchio modo di vivere, li trattiene; è necessario un altro stimolo prima che si decidano a lasciare il peccato. La certezza che debbono affrontare il giudizio futuro può essere uno stimolo ulteriore perché essi lascino il peccato per andare rivolgersi a Cristo.

Quindi l'opera completa dello Spirito Santo è convincere del peccato, della giustizia e del giudizio.

Qual è la prima risposta che riceve l'anima quando lo Spirito Santo la convince del peccato? Possiamo riassumerla con una sola parola: il *ravvedimento*. Il messaggio di Giovanni Battista era « ravvedetevi, perché il regno dei cieli è vicino » (Matteo 3,2). Gesù stesso continuò sullo stesso tema (Matteo 4,17); Pietro esortò quelli che erano convinti il giorno della Pentecoste a ravvedersi ed essere battezzati (Atti 2-39). Il ravvedimento è uno dei grandi messaggi cristiani. Molte volte nelle pagine del Nuovo Testamento, il peccatore è pressantemente invitato al ravvedimento. Il culmine di questo invito si trova nelle seguenti parole di Gesù: « Se voi non vi ravvedete, perirete tutti similmente » (Luca 13,3).

Che cosa vuoi dire ravvedersi? Il pensiero che si associa spesso a questo termine è un dolore di Dio per il peccato. Un pentimento profondo e sincero riempie il cuore del peccatore per il fatto che Egli ha peccato contro Dio; egli non è soltanto addolorato per essere stato sorpreso nel peccato, come talvolta avviene. In questo caso non sarebbe vero ravvedimento; egli è profondamente addolorato perché ha deliberatamente infranto la legge di Dio. Insieme a questo dolore divino, vi sono altri due elementi che ci aiutano ad afferrare il pieno significato del *ravvedimento*: la *confessione del peccato* e il suo *abbandono*. Non dobbiamo, altresì, dimenticare che l'abbandono del peccato porta con sé anche la *riparazione*, poiché io non mi libero dal peccato solo rifiutando di cedere nuovamente ad esso. Io mi allontano da esso riparando per quanto è possibile il male che ho commesso vivendo nel peccato. Se ho rubato mille lire a qualcuno e quella persona mi è possibile raggiungerla, se voglio veramente lasciare il peccato le restituirò il denaro rubato appena potrò farlo. Il ravvedimento, quindi, quale prima risposta all'anima per l'opera convincente dello Spirito Santo, è un dolore divino per il peccato che include la *confessione* del peccato e il suo *abbandono*.

In secondo luogo, consacrare l'anima all'attività dello Spirito Santo vuole dire aver fede.

La *fede* è importante quanto il *ravvedimento*. Se vogliamo rispondere pienamente all'appello dello Spirito Santo dopo che siamo ravveduti dobbiamo credere. Paolo ci dice che siamo giustificati per fede (Romani 5,1). Il suo messaggio al carceriere di Filippi è « credi nel Signore Gesù Cristo e sarai salvato » (Atti 16,31). Nella Bibbia, la fede è presentata come il mezzo umano più efficace per l'ottenimento della salvezza.

I grandi conduttori spirituali di tutti i tempi hanno fatto della giustificazione per fede, un grande tema. Seguendo Paolo e la sua dottrina sulla giustificazione per fede, come opposta alla giustificazione per mezzo delle opere, base del giudaismo dal quale egli era stato salvato, noi troviamo Agostino, Lutero, Wesley: tre grandi guide religiose dopo Paolo, influenzati dalla dottrina della giustificazione per fede. Che cosa è la fede? È la completa confidenza da parte del peccatore

CAPITOLO QUATTRO: LO SPIRITO SANTO

ravveduto che il Cristo divino può liberarlo dal bisogno del quale lo Spirito Santo lo ha reso umilmente cosciente per convinzione personale.

2) GIUSTIFICAZIONE, RIGENERAZIONE, ADOZIONE

Quando un peccatore si ravvede qualcosa accade dalla parte di Dio. Iddio per mezzo dello Spirito Santo perdona, dimentica e giustifica il peccatore. Ciò significa che il peccatore, per mezzo dell'attività dello Spirito Santo, è ristabilito nel favore di Dio. Il vecchio debito è stato pagato; il foglio nero nel libro di Dio contro di lui è stato cancellato. Il peccatore non è più davanti a Dio come tale. A lui è dato di cominciare a segnare, sopra un foglio bianco, la sua nuova vita. Una definizione più chiara della giustificazione si può formulare così: −La giustificazione è l'atto della Grazia per mezzo del quale lo Spirito Santo libera l'uomo ravveduto e credente, dalle colpe o dai suoi peccati. È qualcosa che avviene al di fuori dell'uomo, ma in suo favore, poiché lo Spirito opera individualmente (vedi Atti 13,38, Galati 2-16).

La *rigenerazione* o la *nuova nascita* è la crisi successiva nella salvezza dell'uomo.

Precisamente, la rigenerazione può essere definita: L'atto della Grazia di Dio per mezzo del quale lo Spirito Santo introduce nella *nuova vita* l'uomo ravveduto e credente il quale era morto negli errori e nei peccati.

È qualcosa che non solo è fatto per l'uomo, ma nell'uomo stesso. È la trasformazione che da all'uomo un nuovo centro di realtà, il quale è Gesù Cristo. Egli può dire veramente che le cose vecchie sono passate ed ogni cosa è stata fatta nuova.

FONDAMENTI DI FEDE CRISTIANA

Tutto questo è in armonia con il grande messaggio che Gesù diede a Nicodemo nel terzo capitolo dell'Evangelo di Giovanni. Qui Gesù annuncia a Nicodemo che egli deve nascere di nuovo. Egli era un capo dei giudei e un uomo molto religioso, tuttavia aveva bisogno della nuova nascita. Questo è un altro modo per dire che tutti gli uomini malgrado la loro religiosità, il loro grado sociale, la loro sapienza o a loro ignoranza, devono nascere di nuovo e questo è necessario per tutti gli uomini.

Come abbiamo già detto, questa nuova nascita è un dono soprannaturale, qualcosa che Dio compie e offre all'uomo. È una nascita dall'alto, o da Dio, come Gesù disse a Nicodemo. Giovanni parla di questo assai chiaramente nel primo capitolo del suo vangelo. Il versetto dice cosi: « Ma a quanti lo hanno ricevuto (Gesù), Egli ha dato il diritto di diventare figliuoli di Dio, a quelli cioè, che credono nel Suo nome; i quali non sono nati da sangue né da volontà d'uomo, ma sono nati da Dio » (Giovanni 1,13-14). Questa crisi è una trasformazione spirituale e come tale, non può essere descritta adeguatamente con delle parole. Se desiderate conoscere che cos'è dovete farne esperienza personale. Tale verità è suggerita dalle seguenti parole dette da Gesù a Nicodemo « Non ti meravigliare se ti ho detto: bisogna che nasciate di nuovo. Il vento soffia dove vuole e tu ne odi il rumore, ma non sai né da dove viene né dove va, cosi è chiunque è nato dallo Spirito (Giovanni 3,7-8). Notate che la nuova nascita è una nascita dallo Spirito e ciò comprova come lo Spirito Santo sia un'opera nel cuore dell'individuo.

CAPITOLO QUATTRO: LO SPIRITO SANTO

L'adozione, come la giustificazione, è un termine legale. È qualcosa fatto per noi, piuttosto che in noi ed accompagna sempre la rigenerazione. In modo più specifico, possiamo definire l'adozione –come l'atto della Grazia di Dio, per mezzo della quale lo Spirito Santo, da rappresentante attivo della divinità, fa dell'anima giustificata un membro della famiglia di Dio, un erede di Dio, un coerede di Gesù Cristo (Romani 8,14-17). Veramente uno che è stato adottato nella famiglia di Dio può cantare il fatto glorioso che egli sia figlio di Re.

Abbiamo trattato della giustificazione, dell'adozione e della rigenerazione separatamente essendo, logicamente e dal punto di vista del significato, distinte. Tuttavia, sono, cronologicamente, simultanee, poiché avvengono nello stesso momento, cioè sono fasi diverse ma dello stesso *momento* spirituale. Quando un uomo è giustificato egli è, nel medesimo tempo, anche rigenerato e adottato nella famiglia di Dio. La conversione non è un termine teologico, pertanto è spesso usato per significare un atto complessivo che comprende la giustificazione, la rigenerazione e l'adozione.

3) INTERA SANTIFICAZIONE

Lo Spirito Santo, operante nell'individuo, manifesta la Sua opera più significativa nell'esperienza della completa santificazione del cuore. Questa azione puntuativa, definita crisi, segna, spiritualmente, il supremo obiettivo dell'attività dello Spirito Santo nel cuore dell'uomo, il culmine della dispensazione dello Spirito che convince per salvare e salva per santificare.

Scopo dello Spirito è di trovare un luogo dove possa abitare nel cuore dell'uomo per far sì che l'uomo divenga tempio dello Spirito Santo perpetuando, nel mondo, la presenza di Cristo vivente.

La presenza di —Dio in noi avvenne quando la Parola Eterna si fece carne, abitò permanentemente, per mezzo dello Spirito Santo, dimorante in noi. Un Dio immanente, un Dio nel mondo, viene ancora oggi realizzato quando i cristiani si piegano completamente alla presenza dimorante e santificante dello Spirito Santo (Romani 15,16, 2 Tessalonicesi 2,13).

In modo più specifico, come può essere definita l'intera santificazione? È un atto di Grazia mediante la quale lo stesso Spirito Santo, riempie i cristiani della Sua presenza, purificando i cuori dal peccato originale. Ciò avviene soltanto a condizione che il cristiano consacri se stesso a Dio e creda che Cristo accetti in quel momento la sua offerta o il suo sacrificio. È qualcosa che viene fatto nell'uomo e per l'uomo in modo istantaneo, dopo la sua rigenerazione.

Cristo ha pregato definitivamente la notte prima della Sua crocifissione, per la santificazione dei Suoi discepoli (Giovanni 17). Noi crediamo che l'effusione dello Spirito Santo, il giorno della Pentecoste, sia stata una risposta definitiva alla preghiera di Cristo. Paolo pregò così per la chiesa di Tessalonica: « Or l'Iddio della pace vi santifichi Egli stesso completamente; e l'intero essere vostro, lo spirito, l'anima ed il corpo, sia conservato irreprensibile, per la venuta del Signor nostro Gesù Cristo » (1 Tessalonicesi 5,23). Chiunque leggerà il primo capitolo di questa prima epistola ai Tessalonicesi si accorgerà che le persone per le quali Paolo pregava erano dei veri cristiani.

CAPITOLO QUATTRO: LO SPIRITO SANTO

Lo scrittore della epistola agli Ebrei dice: «Gesù, al fine di santificare il Suo popolo col Suo sangue, soffrì fuori della porta (di Gerusalemme)» (Ebrei 13,12). Giovanni insegna in modo definitivo, che l'amore di Dio, che sorge nel cuore dell'uomo alla nuova nascita, è perfezionato in questa vita (Giovanni 4,16-21). Cristo richiamò l'attenzione dei Suoi seguaci su questa importante esortazione: «Tu amerai il Signore Iddio tuo, con tutto il tuo cuore e con tutta l'anima tua e con tutta la mente tua. Questo è il grande e primo comandamento. Il secondo, simile ad esso, è: ama il tuo prossimo come te stesso. Da questi due comandamenti dipende tutta la legge ed i profeti» (Matteo 22,37-40). Questo comandamento non è un ideale da perseguire, bensì un comandamento da mettere in pratica.

Quali sono le condizioni per entrare nell'esperienza dell'*intera santificazione?* Consacrazione e fede sono i due requisiti necessari (Romani 12,1; Atti 26,18). Il cristiano deve porre tutto sopra l'altare e poi credere che l'altare santifichi l'offerta; se consacra tutto quello che ha, gli sarà poi facile credere. In molti casi, quando il credente incontra difficoltà è perché egli fa alcune riserve, tenendo qualcosa fuori dall'altare. Tuttavia, sembra che vi siano poche anime le quali non possano credere; hanno consacrato tutto ma esitano nell'afferrare le promesse. Tali anime devono essere spinte a credere che l'Iddio che ha promesso la vittoria è fedele e, sicuramente, manterrà la sua parola.

Un sentimento di bisogno ed un intenso desiderio dell'intera santificazione deve precedere la consacrazione e la fede. Se non si è fortemente convinti e non si sente l'intenso bisogno e il potente desiderio di questa benedizione, non la si cercherà con tutto il cuore. Inoltre, se non la si ricerca con tutto il cuore, non si potrà nemmeno compiere una piena consacrazione, necessaria per la sua realizzazione. A scanso di equivoci, si deve notare che solo lo Spirito Santo può produrre questa convinzione di bisogno e di intenso desiderio; Egli deve agire nell'individuo per condurlo alla santificazione come già avvenuto nel caso della giustificazione e della rigenerazione.

4) LA TESTIMONIANZA DELLO SPIRITO SANTO E LA GLORIFICAZIONE

La dottrina preziosa della chiesa cristiana è la testimonianza dello Spirito Santo. Il principale testo di riferimento è il seguente: «Lo Spirito Santo stesso attesta al nostro Spirito che noi siamo figliuoli di Dio» (Romani 8,16). Questo versetto biblico è generalmente interpretato in modo da indicare una duplice testimonianza di quanto accaduto nel peccatore che è divenuto figlio di Dio. Sia lo Spirito di Dio, che lo spirito dell'uomo, testimoniano di questa gloriosa trasformazione. La prima è diretta, immediata, la seconda è indiretta e mediata. La prima rivela direttamente, la più intima coscienza dell'individuo, che egli è stato accolto nella famiglia di Dio, mentre la seconda lo conferma indirettamente per mezzo del frutto dello Spirito: infatti, nuovi sentimenti e attività dominano la sua anima. In altri termini, la testimonianza dello Spirito divino è una intuizione immediata, mentre quella dello spirito umano ne è una conseguenza.

Rimane da spiegare un'altra *crisi*, quella della *glorificazione*. Questa esperienza può essere definita come: −Un atto

CAPITOLO QUATTRO: LO SPIRITO SANTO

della grazia di Dio per mezzo del quale lo Spirito Santo risuscita i morti che muoiono nel Signore, con corpi che sono modellati secondo il modello della resurrezione di Gesù (Filippesi 3,20 e 21).

Questa cosiddetta *crisi* avviene dopo la morte del corpo, senza che vi partecipi la volontà di colui che vive questa esperienza. È fondamentale che essa si riallacci allo stato di Grazia ottenuto in questa vita poiché nessun altro può essere eletto alla glorificazione se non colui che al momento della morte sia un cristiano. In questa trasformazione del corpo del cristiano risorto, troviamo la *crisi* culminante della salvezza.

Finora abbiamo trattato delle varie esperienze *critiche* o *puntuative* della salvezza, molto importanti e dovute, essenzialmente, alla immediata attività dello Spirito Santo. Prima e dopo queste *crisi*, vi sono *processi* che vengono stimolati senza dubbio alla stessa maniera dallo Spirito Santo, benché la sua opera non sia sempre evidente come nel caso delle crisi suddette. La preparazione per le varie crisi di salvezza è una parte dei processi di crescita che le precedono; ai momenti critici susseguono dei progressi nella Grazia che permettono ai credenti di divenire sempre più simili a Cristo. Per questo motivo le *crisi* non sono altro che il punto di partenza, per cui è importante che, nella nostra predicazione ed opera cristiana, vi sia sempre una maggiore enfasi sul progresso nella Grazia secondo lo schema divino. Non dobbiamo permettere al nostro entusiasmo per le esperienze critiche di renderci ciechi sul valore del progresso nella vita cristiana.

Lo Spirito Santo operante nella chiesa cristiana

1) L'ORGANIZZAZIONE DELLA CHIESA

Il termine « chiesa », adoperato in ambito cristiano, ha vari significati. Per esempio, si riferisce ai fabbricati nei quali la chiesa locale si riunisce, oppure alla chiesa locale stessa, ad un'intera denominazione o al corpo intero dei credenti cristiani. Nel nostro caso, la parola « chiesa » significa *un gruppo di veri cristiani o di cristiani professanti veraci, i quali si riuniscono per adorare Dio.* Un tale gruppo di persone non può andare avanti insieme se non debitamente organizzato.

L'inizio della dispensazione dello Spirito Santo nel giorno della Pentecoste segnò anche la nascita della chiesa cristiana (Atti 2). Già prima vi erano dei cristiani, ma Dio dette ad essi la Sua approvazione speciale, come gruppo unito, rendendo possibile la loro cooperazione, con il battesimo con lo Spirito. Da quel momento diventarono una chiesa nel vero senso del termine.

Vi sono numerose evidenze negli Atti degli Apostoli che ci fanno intravvedere come lo Spirito abbia diretto la chiesa nel suo sviluppo organizzativo. In esse viene accennato alle tremila persone che furono aggiunte (Atti 2,41) Non potevano essere —aggiunte se non ve ne fossero già state altre! Di nuovo è detto che il Signore aggiungeva alla chiesa giornalmente coloro che erano salvati (Atti 2,47). Pietro e Giovanni, imprigionati e poi lasciati andare, tornati alla loro comunità « riportarono loro tutto quello che i principali sacerdoti e gli anziani avevano detto loro » (Atti 4,23). Che cosa fece la comunità, o

CAPITOLO QUATTRO: LO SPIRITO SANTO

la chiesa, in tali occasioni? Essa pregò Dio perché salvasse i cristiani, ed i loro conduttori, dando loro la possibilità di continuare ad annunziare la Parola di Dio con ogni franchezza (Atti 4,24-30). Ciò è un esempio di reale cooperazione tra le parti che formavano la chiesa. L'unità non era soltanto nelle cose spirituali, ma anche nelle cose temporali; si amavano talmente l'un l'altro che provvedevano ai bisogni materiali di coloro che erano nell'indigenza (Atti 4,32-37). I dodici apostoli dissero di nominare i sette diaconi per aiutare le vedove dei greci. La chiesa pregò e Pietro fu liberato dalla prigione per mezzo di un angelo (Atti 12,1-19) Delegati furono mandati dalla chiesa di Antiochia alla chiesa madre di Gerusalemme per considerare la questione della circoncisione ritenuta, da alcuni, necessaria per la salvezza (Atti 15,1-12). Negli Atti degli Apostoli abbiamo una chiesa sempre più funzionante come corpo organizzato sotto la guida dello Spinto Santo.

L'organizzazione della chiesa cristiana, anche nei primi tempi, presentava degli ordinamenti: il battesimo, che doveva essere amministrato regolarmente (Atti 2,41; 8,12 e 36; 9,18; 10,47-48; 16,15 e 33; 18,8). L'ordinamento della cena del Signore, istituito da Gesù stesso prima della Sua morte, era anche osservato (Marco 14,22-25). Quest'ultimo, come sacramento, è un segno della perenne comunione con il Signore ed i Suoi seguaci; una promessa di continua devozione a Cristo ed alla Sua causa. Il battesimo è un segno dell'inizio della vita cristiana, per questo motivo somministrato una sola volta, mentre la cena del Signore, essendo un segno della continuazione di questa vita, viene ripetuto.

La chiesa primitiva era ben organizzata. Come già notato, il suo sviluppo era diretto dallo Spirito Santo anche se, non tutto era perfetto. Testimoniano di questo fatto i terribili giudizi caduti su Anania e Saffira (Atti 5,1-11). Essi facevano parte di un gruppo non comune di cristiani, la chiesa primitiva, e nondimeno mentirono allo Spirito Santo. Certamente vi furono altri nella comunità i quali non si comportarono come avrebbero dovuto. Che cosa significa tutto ciò? La risposta è che la chiesa invisibile non deve essere confusa con quella visibile. La prima è perfetta, ideale; la seconda non lo è. La chiesa visibile è formata da tutti coloro che professano di essere seguaci di Gesù, i quali si sono uniti ad una chiesa organizzata e son almeno nominalmente una parte del movimento cristiano. La Chiesa invisibile, invece, è composta da tutti i veri credenti, sia che appartengono o no ad un chiesa visibile, unita ai santi di tutti i tempi. La chiesa invisibile costituisce il corpo di Cristo o la famiglia di Dio ed una persona può essere membro di una chiesa visibile pur non essendo membro di quella invisibile, e viceversa.

2) L'ESPANSIONE DELLA CHIESA

Lo Spirito Santo è l'«esecutivo della divinità», l'Iddio onnipotente operante nel mondo. La sua occupazione principale è quella di allargare la comunione cristiana tra gli uomini che può realizzare soltanto se i cristiani cooperano con Lui. Ciò significa che lo scopo principale della chiesa è evangelistico e missionario. La Chiesa è una società di *mutuo soccorso*, ma non semplicemente o principalmente questo. Anzitutto deve promuovere l'ampliamento della sua comunione, non per amore di una crescita numerica, ma per rendere altri partecipi

CAPITOLO QUATTRO: LO SPIRITO SANTO

della benedizione e della gloria che essa possiede. La chiesa deve mandare testimoni da Gerusalemme, in Giudea, in Samaria sino alle estreme parti della terra. Quando una chiesa locale o nazionale vive semplicemente per se stessa, è destinata a morire. Può vivere bene solo in un'atmosfera di conquista. Lo Spirito Santo non può operare in una organizzazione che vive solo per difendersi.

La chiesa sulla terra è veramente la chiesa militante, combattente, quella che è tremenda come un esercito a bandiere spiegate (Cantico dei Cantici 6,10), un esercito vittorioso, che guadagna sempre nuovi domini. La chiesa trionfante è quella del cielo, formata da coloro che hanno vinto definitivamente il peccato e Satana. Se noi, come membri della chiesa militante, rimarremo fedeli sino alla morte nella guerra di conquista, diverremo membri della chiesa trionfante. Il combattimento sarà terminato e parteciperemo alla celebrazione della vittoria.

Tornando agli Atti degli Apostoli, proviamo a descrivere l'azione dello Spirito Santo operante nella chiesa resa militante dalla Sua presenza. In essa avvenne il più grande risveglio mai ricordato dalla storia. Gli Atti degli Apostoli cominciano in Gerusalemme, si spostano in Giudea, in Samaria, fino alle estremità della terra. Era una chiesa che si espandeva e cresceva mossa dalla forza celeste o dello Spirito Santo, una chiesa che considerava il mondo come una parrocchia... « voi riceverete la potenza dall'alto dopo che lo Spirito Santo sarà venuto sopra voi e mi sarete testimoni in Gerusalemme, in Giudea, in Samaria, sino all'estremità della terra » (Atti 1,8).

Questa storia gloriosa può essere presentata come segue: vi erano centoventi persone nell'alto solaio; esse pregarono, per dieci giorni, di pari consentimento quando lo Spirito Santo venne e li battezzò: ebbe, così, inizio la marcia conquistatrice. Pietro predicò la signoria di Cristo crocifisso e risorto con grande franchezza e potenza (Atti 2). Il popolo fu convinto di peccato e tremila persone furono salvate. Pietro e Giovanni guarirono uno zoppo nel nome di Gesù, Pietro predicò e cinquemila uomini, oltre le donne e i fanciulli, furono salvati (Atti 3-4). Un avvenimento importante seguiva l'altro. Vi furono imprigionamenti, miracolose liberazioni dalla prigione, guarigioni, predicazioni potenti, giudizi sopra il peccato e martiri nel nome di Cristo. In seguito avvenne la grande persecuzione a Gerusalemme. Questo male accaduto alla chiesa di Gerusalemme, si trasformò nella gloria di Dio. Quelli che furono perseguitati vennero dispersi nelle regioni attorno alla Giudea e Samaria andando così in ogni luogo e predicando la Parola (Atti 8,1-14). Filippo scese nelle contrade della Samaria e vi predicò Cristo. Ne seguì un grande risveglio: le persone credevano ed erano salvate. Pietro e Giovanni vennero in Samaria per continuare l'opera di Filippo. Pregarono per le genti, che avevano ricevuto la parola grazie alla predicazione di Filippo, affinché ricevessero lo Spirito Santo e la loro preghiera venne esaudita. Mentre ciò accadeva, Filippo fu chiamato dal Signore e diretto a Gaza; mentre andava incontrò un eunuco, un etiope, uomo di grande autorità sotto la regina degli Etiopi, Candace. Per mezzo di Filippo quest'uomo fu condotto a Dio e così, l'Evangelo continuò ad espandersi (Atti 8,5-40). La guerra di conquista proseguiva e lo Spirito Santo operava nella chiesa. Una visione fu data a Pietro per accelerare l'espansione dei movimento cristiano. Egli udì la

CAPITOLO QUATTRO: LO SPIRITO SANTO

chiamata di Cornelio « uomo giusto, e timorose di Dio » ed il risultato fu il seguente: « Mentre Pietro parlava così, lo Spirito Santo cadde su tutti quelli che udivano la Parola; e tutti i credenti circoncisi, che erano venuti con Pietro, si stupirono, che il dono dello Spirito Santo era stato sparso anche sopra i gentili » (Atti 10,44-45). Il culmine di questo stadio finale fu l'espansione dell'Evangelo in Fenicia, in Cipro ed in Antiochia e qualcuno parlò anche ai Greci. Quale fu il risultato? « La mano del Signore era sopra di loro: un grande numero di persone credette e si volse al Signore » (Atti 11,21). Allora la chiesa di Gerusalemme mandò Barnaba, perché curasse quell'opera in Antiochia, ed Egli scelse Paolo come suo collaboratore. Antiochia divenne ben presto un grande centro per la causa di Cristo. Quivi, per la prima volta i discepoli vennero chiamati cristiani e quella città divenne la nuova capitale del mondo cristiano. Il centro della cristianità militante si spostò da Gerusalemme ad Antiochia. Lo stadio ultimo e più vasto nell'espansione della chiesa cristiana, ricordato negli Atti degli Apostoli, è quello che si ebbe, mediante l'opera dell'apostolo Paolo. La maggior parte degli Atti degli Apostoli s'interessa di questo eroe della croce, potentemente usato dallo Spirito Santo. Mentre era ancora uno dei maggiori persecutori della chiesa cristiana, fu fermato sulla via di Damasco e meravigliosamente convertito. Più tardi, ripieno dello Spirito Santo, divenne immediatamente un efficace predicatore dell'Evangelo di Gesù Cristo (Atti 9,1-31). Il suo ministero preliminare fu compiuto a Damasco, a Gerusalemme, Tarso e verso Antiochia di Siria. Egli sarebbe stato l'apostolo dei Gentili. Gerusalemme, la Giudea e la Samaria erano già stati visitati dai messaggeri della croce di Cristo. Ora, era maturo il tempo che gli estremi termini della terra udissero il messaggio. Paolo era stato ben preparato per un tale ministero, per il suo carattere, per la sua istruzione e per la sua trasformazione divina (Fil 3). Ben presto dovette cominciare l'opera per la quale era stato messo a parte fin dalla sua nascita (Galati 1,15-17). Come cominciò la sua carriera missionaria mondiale? Lo Spirito Santo operò nuovamente. Nella Chiesa di Antiochia vi erano dei profeti e dei dottori. «Mentre essi servivano il Signore e digiunavano lo Spirito Santo disse: Mettetemi a parte Barnaba e Paolo per l'opera alla quale li ho chiamati. Allora dopo aver digiunato e pregato, imposero loro le mani, e li accomiatarono» (Atti 13,2-3).

Quello fu un momento glorioso per la chiesa cristiana. Tuttavia lo spazio ci manca per trattare dettagliatamente gli atti dello Spirito Santo nel mondo, secondo la Sua manifestazione nella chiesa per mezzo di Paolo e dei suoi collaboratori. Fu con loro nel primo viaggio missionario, nel Concilio di Gerusalemme, e nel secondo e terzo viaggio missionario. Chiese cristiane furono stabilite in molti centri strategici, anche per la perseveranza di Paolo e malgrado fosse scacciato da molte città. Il suo viaggio a Roma era senza dubbio nel piano divino e dello Spirito Santo, benché il sentiero che conducesse a Roma fosse molto difficile: arresto, processo, imprigionamento e naufragio. Dopo alcuni anni di servizio in Roma, la capitale del mondo, egli incontrò il Suo Signore mediante un martirio trionfale (2 Tm 4,6-8). Fu il più grande soldato della croce che sia mai vissuto. Accese il fuoco in molte città del mondo e questo fuoco si è mantenuto nei secoli sino al giorno

CAPITOLO QUATTRO: LO SPIRITO SANTO

di oggi. La chiesa, il corpo di Cristo, sotto la presidenza e potenza dello stesso Spirito Santo della chiesa dei tempi dell'apostolo Paolo, continua la sua opera anche oggi nel nobile modo nel quale è cominciata.

Secondo gli Atti degli apostoli, che cosa facevano i conduttori della chiesa per far spandere l'Evangelo di Gesù Cristo? Predicavano. In questo grande programma di espansione, le forme e le cerimonie non avevano grande spazio. Pietro predicò il giorno della Pentecoste (Atti 2,14), dopo la guarigione dello zoppo (Atti 3,12) ed in ogni occasione in cui ne avesse opportunità. La difesa di Stefano fu un vero sermone (Atti 7); Filippo predicava in Samaria (Atti 8,5); Pietro e Giovanni fecero la stessa cosa là e in molti villaggi (Atti 8,25); Filippo annunciò Gesù all'eunuco (Atti 8,35); Paolo predicò in Damasco pochi giorni dopo la sua conversione e continuò a predicare per trenta o trentacinque anni sino alla sua morte (Atti 9,19-22). Le parole predicare e predicato si trovano almeno quaranta volte negli Atti degli Apostoli. La lettura delle Scritture, la testimonianza, la preghiera, ed il canto completavano l'opera della predicazione come strumenti dello Spirito Santo nella Sua attività nella chiesa.

3) LA CHIESA ED IL REGNO DI DIO

Quale relazione intercorre tra la chiesa che si espande e il Regno di Dio? Questa è una domanda che ci viene presentata spesso nei confronti del Regno di Dio. Le opinioni sono diverse: Cristo usa spesso la frase « il regno di Dio » o il « regno », mentre Paolo e gli altri scrittori delle epistole, usano spesso il termine chiesa. La prima frase e usata centodieci volte nei vangeli, mentre la parola chiesa è usata solo due volte.

Nelle epistole la situazione è rovesciata. La chiesa e menzionata centododici volte, mentre « il regno » o « il regno di Dio » si legge solo ventinove volte. Il regno è contemporaneamente presente e futuro ed esso è sia *spirituale*, dentro di noi, sia *sociale*, manifesto nell'agire collettivo degli uomini. La chiesa è molto vicina al regno, ma non si deve proprio identificare con esso. Si può pensare come al mezzo mediante cui il regno viene sviluppato interiormente e esteriormente. Se tutti gli uomini ascoltassero il suo messaggio i loro cuori sarebbero resi giusti; e il regno stabilito dentro di loro pervaderebbe la società; avremmo, così, il regno di Dio sulla terra. Purtroppo, la maggior parte degli uomini rifiuta il messaggio dell'Evangelo e l'appello dello Spirito Santo per mezzo della chiesa. Tuttavia, Dio stabilirà certamente il Suo regno per mezzo di un intervento diretto: la seconda venuta di Cristo.

Vi sono due atteggiamenti errati nei riguardi della chiesa visibile Uno e quello di chi interpreta male il passo di Matteo 16,18-19) che descrive le relazioni di Pietro con la chiesa. Coloro che fanno così innalzano la supremazia della chiesa sulla terra. La chiesa prende il posto di Cristo e gli uomini vanno a lei invece di andare a Lui per ottenere il perdono dei peccati e la salvezza. Questo è un errore molto grave che impedisce il progresso della causa di Cristo. La chiesa è la migliore istituzione conosciuta dagli uomini, ma essa è imperfetta e non può prendere il posto di Dio.

L'altro atteggiamento errato verso la chiesa organizzata è quello di coloro che rifiutano qualsiasi relazione con essa. Questa è una calamità, benché vi siano anche tra queste delle buone persone. Qualsiasi chiesa alla quale i cristiani si

CAPITOLO QUATTRO: LO SPIRITO SANTO

uniscono sarà sempre imperfetta, sia la chiesa locale che l'istituzione in generale. Nondimeno, lo Spirito Santo può operare sempre meglio attraverso sforzi organizzati, che attraverso cristiani isolati. Fin dal principio, Iddio ha stabilito la cristianità organizzata; e la cosa normale per qualsiasi cristiano è quella di aderire a una chiesa cristiana.

CAPITOLO CINQUE
La Bibbia

Il canone della Bibbia

La Bibbia ha un grande valore pratico per il cristiano, come pure per coloro che desiderano divenire cristiani. Non è soltanto il grande deposito della verità divina, ma è anche la guida del cristiano. Il cristiano non può con sicurezza percorrere le vie di questo mondo confuso, senza aver la guida quotidiana della Bibbia che è, veramente, « una lampada al nostro piede ed un lume al nostro sentiero ».

Qual è la prova o regola della canonicità, vale a dire del diritto di un libro ad appartenere alla Bibbia? La prima prova, adoperata anche dai cristiani che formarono il canone del Nuovo Testamento, era che i libri che la costituivano dovevano avere direttamente o indirettamente, di origine apostolica. Secondo questa regola le epistole di Paolo dovevano esservi incluse, perché esse sono opera diretta di un apostolo ispirato da Dio.

L'Evangelo di Marco è divenuto una parte della Bibbia perché indirettamente è l'opera di un apostolo, Simon Pietro. Marco scrisse il suo vangelo perché divinamente ispirato ma, dal punto di vista umano, seguì il racconto di Pietro. Nel caso di dubbio sull'autorità di un libro, questo dovrebbe essere confrontato con gli altri. Bisogna chiedersi: si armonizza esso con l'insegnamento degli altri che sono senza dubbio di origine apostolica, e offre un qualche preciso contributo al sistema di conoscenza della verità apostolica? Infatti, nessun libro dovrebbe essere accolto nel canone neotestamentario, anche in presenza di una testimonianza di origine apostolica diretta o indiretta, se il contenuto del libro non si armonizza con la regola di fede tramandata alla chiesa di Cristo dagli apostoli. Ne consegue che i documenti apostolici ispirati debbano armonizzarsi con quelli evidentemente ritenuti canonici.

Il canone dell'Antico Testamento è più difficile a spiegarsi. Pertanto ci atteniamo a quello che il popolo ebraico ha accettato come espressione divina mediante la nazione giudaica. Indirettamente, riceve un'importante testimonianza resagli da Gesù Cristo; dalle citazioni che Egli fa dell'Antico Testamento, notiamo come lo ritenesse rivelazione divina. Questa sua convalida ha fatto sì che l'Antico Testamento sia ritenuto, dai cristiani, parte delle Scritture.

Esso ha avuto autorità per i Giudei, per Cristo e quindi può averla anche per noi, benché non possiamo comprovare la sua canonicità seguendo la medesima prassi del Nuovo Testamento. Non vi è dubbio che le conferme ufficiali, dategli nel tempo, siano state giustificate dal suo contenuto e dalle prove esterne che gli sono state applicate. Oltre a ciò, è importante rammentare, in relazione alla canonicità dei libri della Bibbia, che la formazione del canone dell'Antico come del Nuovo Testamento, avvenne mediante un processo graduale. Dio non ha inviato la Bibbia dal cielo e non è venuto sulla terra a prendere un certo numero di manoscritti per farne una parte del canone. Gli esseri umani, non individualmente, ma riuniti in gruppi, sono i responsabili della formazione della Bibbia che non fu composta in una volta, ma durante i secoli.

Prendiamo per esempio l'Antico Testamento. La formazione di questo canone cominciò almeno nel 621 a.c. con la scoperta del libro della legge fatta da Hilkia, e fu accolto dagli ebrei verso il 100 a.c. La canonicità del Nuovo Testamento fu stabilita verso la metà del secondo secolo. La discussione però, relativa ad alcuni suoi libri, non ebbe termine che verso la fine del quarto secolo d.c.

Quando insistiamo dicendo che il canone dell'Antico e del Nuovo Testamento è stato composto grazie a strumenti umani e non ad un immediato intervento divino non vogliamo dire che Iddio non abbia nulla a che fare con essi. Lo Spirito Santo ha diretto la scelta dei libri che, infine, furono scelti per far parte dei due canoni. Dio ha una parte definitiva in questa opera, sia tra i gruppi ebraici che tra quelli cristiani, i quali di volta in volta hanno stabilito i canoni dell'Antico e del Nuovo Testamento.

La Rivelazione

1) RIVELAZIONE PARTICOLARE E GENERALE

Due grandi problemi devono essere considerati in relazione alla Bibbia: la rivelazione e l'ispirazione, le basi più importanti della sua canonicità. Ma essi non vogliono dire la stessa cosa. La rivelazione è la comunicazione soprannaturale della verità all'uomo, mentre l'ispirazione è l'aiuto che Dio offre all'uomo ricordandogli la verità che gli è stata rivelata. Con la differenziazione di questi due termini si apre la via alla loro trattazione. Cominciamo con la rivelazione.

Vi sono due tipi di rivelazione: generale e particolare. La rivelazione, in senso generale, si riferisce a tutti i metodi mediante i quali Dio parla agli uomini al di fuori della Bibbia. Ciò significa che, per mezzo della rivelazione generale, Dio rivela se stesso nella natura, nell'umanità, e nella storia. Possiamo, perciò, trovare segni della presenza di Dio ovunque attorno a noi. Gli argomenti sulla esistenza di Dio, che sono stati presentati nel primo capitolo di questo libro, sono basati sulla rivelazione generale. L'oggetto specifico della presente trattazione è, però, la rivelazione particolare che ci perviene mediante la Bibbia.

Chiunque crede nella rivelazione speciale deve dedurne che Dio è personale e buono, un Dio il quale non solo è la sorgente di tutto quello che esiste, ma che è, anche, molto interessato in tutto quello che ha creato. Non è un Dio che dopo aver creato l'uomo se n'è andato in vacanza abbandonandolo alla sua sorte. Un Dio che ha cura della Sua creazione si aspetta che si riveli alla Sua creazione, se in essa vi è qualcuno che possa comprenderlo. L'uomo, a causa del peccato, necessitava una rivelazione particolare pur se il suo peccato non l'aveva guastato al punto da non poter comprendere, con l'aiuto dello Spirito Santo e almeno in piccola misura, questa rivelazione.

2) LA BIBBIA, RIVELAZIONE PARTICOLARE

a) *La profezia*. Quale prova abbiamo che la Bibbia è una rivelazione divina? La prima prova è la Profezia. Se vi sono degli avvenimenti che sono stati predetti da Dio, vuole dire che vi è una rivelazione divina.

Coloro che hanno scritto la Bibbia erano esseri finiti, quindi non potevano predire certi avvenimenti come può farlo chi possiede una conoscenza infinita — conoscenza del futuro

CAPITOLO CINQUE: LA BIBBIA

come del passato e del presente. Gli avvenimenti sono stati predetti dagli scrittori della Bibbia e di ciò si hanno delle prove ben precise. I profeti d'Israele, infatti, hanno predetto avvenimenti particolari. «Michea, figlio di Imlah, profetizzò che Achab e Giosafat sarebbero stati sconfitti dai Siri e disse che avrebbe patito la prigione o sarebbe stato ritenuto falso profeta se questa profezia non si fosse avverata. Similmente, Amos predisse la distruzione del regno di Damasco e l'esilio dei Siri a Kir. Isaia ebbe la piena certezza che i re Rezin e Pecah non avrebbero potuto prendere Gerusalemme e che in meno di tre anni il suo paese sarebbe stato devastato dalle armate Assire; inoltre, il regno di Giuda sarebbe stato gravemente afflitto dall'Assiria dal quale invece, si aspettava un aiuto. Egli parlò anche della liberazione di Gerusalemme dall'armata di Sennacherib e la distruzione di quest'ultimo per l'intervento diretto di Jhwh e la fuga precipitosa del rimanente di quell'esercito. D'altra parte Geremia predisse il proposito di Dio per la distruzione di Gerusalemme e il rovesciamento del regno giudaico per opera di Nebucadnetsar; inoltre predisse che, dopo settanta anni, i giudizi di Dio avrebbero colto Babilonia e riportato il suo popolo dall'esilio nel proprio paese; e il medesimo profeta predisse la morte del falso profeta Anania, nel corso dell'anno stesso. Altri argomenti devono essere aggiunti a questa lista. Osea, per esempio, predisse la caduta della Samaria per mano degli Assiri. Michea predisse la distruzione di Gerusalemme e l'esilio in Babilonia. Isaia dichiarò ai giorni di Ezechia, che il tesoro reale ed i principi sarebbero stati trasportati in Babilonia. Le ulteriori desolazioni preparate per Babilonia sono altresì descritte graficamente da Isaia, mentre Nahum predisse lo stesso destino per Ninive ».

Aggiungiamo a queste profezie quelle concernenti la venuta del Messia o Cristo che si trovano nell'Antico Testamento. Nella Genesi leggiamo che il seme della donna schiaccerà la testa al serpente (Genesi 3,15). Nella progenie di Abramo tutte le famiglie della terra sarebbero state benedette (Genesi 22,18). Vi sono anche dei Salmi messianici - a questo riguardo possono essere menzionati il secondo, il quarantacinque, il settantadue, il centodieci. Essi descrivono la gloria e l'ampiezza del regno del Messia che stava per venire.

Isaia è la più ricca miniera delle profezie messianiche dell'Antico Testamento. Il Messia è chiamato il « Servo di Dio » ed è la figura centrale delle profezie di Isaia. Sia in Isaia che in Geremia, il titolo di Messia indica spesso l'espressione della sua vera umanità. Egli è il frutto della terra, la verga della radice di Iesse; è il ramo che germoglia da Davide. È chiamato da Dio dal seno di sua madre e Dio ha posto il Suo Spirito sopra di Lui. È unto per predicare la buona novella ai mansueti, per fasciare il cuore di chi è contrito, per proclamare la libertà ai prigionieri. Isaia 53 descrive l'umiliazione del veniente Messia. « Egli è disprezzato e rigettato dagli uomini, un uomo di dolori, esperto in languori... Egli ha portato i nostri affanni e si è caricato i nostri dolori... Fu ferito per le nostre trasgressioni e ucciso per le nostre iniquità; il castigo, per cui abbiamo pace, era sopra di Lui e per i suoi lividi siamo stati guariti » (Isaia 53,3-5) L'iniquità di tutti noi è stata posta sopra di Lui. Ha sopportato la nostra punizione senza una parola di lamento.

CAPITOLO CINQUE: LA BIBBIA

Non ha usato violenza e non vi è stata frode nella Sua bocca; nondimeno sarebbe stato annoverato tra i trasgressori.

Concludiamo questo capitolo con le profezie di Cristo. Esse testimoniano della Sua divinità e di quella della rivelazione biblica che è sorta grazie a Lui. Si possono racchiudere le previsioni profetiche di Gesù Cristo con queste parole: —Egli contemplava la Sua crocifissione come un avvenimento che sarebbe certamente accaduto. Previde che sarebbe stato tradito e che i Suoi discepoli si sarebbero dispersi. Immaginò, in anticipo, il rinnegamento di Pietro nello stesso tempo in cui il Suo discepolo protestava la sua infinita fedeltà. Egli descrisse, con termini che si avverarono alla lettera, le sorti del tempio e della città di Gerusalemme. Previde, senza ombra di dubbio, che i Suoi discepoli i quali lo avrebbero abbandonato nell'ora della Sua umiliazione, avrebbero difeso maggiormente la causa del loro maestro con il coraggio e lo zelo dei martiri ed avrebbero predicato il Suo Vangelo fino all'estremità della terra. Anticipò a Pietro con quale morte avrebbe glorificato Dio. In breve, il futuro sembrava essere trasparente dinanzi a Cristo fino a dove Egli aveva bisogno che fosse tale.

b) Miracoli. La seconda prova che la Bibbia è la rivelazione di Dio risiede nei miracoli. Per miracolo s'intende: —l'intervento diretto e straordinario ai Dio al di fuori della Sua attività naturale.

Nella natura Dio agisce indirettamente o in modo mediato, piuttosto che immediatamente. Per esempio, il modo usuale per fare il succo d'uva è per mezzo della maturazione delle uve. Quando l'uva è matura l'uomo la raccoglie e la pressa per ottenere il succo. Questo è un lungo processo e la natura e l'uomo sono uniti a Dio per portarlo a compimento. Tuttavia, anche in questo caso il compito maggiore resta sempre quello di Dio. In definitiva è lui che deve dare la crescita. Si descrive tale metodo per fare il vino, come naturale. Alle nozze di Cana, invece, Gesù come Dio, fece il vino immediatamente o direttamente. Fu compiuto istantaneamente un miracolo, qualcosa di soprannaturale. La Bibbia ci racconta di molti miracoli che sono frutto dell'agire soprannaturale e immediato di Dio. Il fatto che essi si trovano raccolti nella Bibbia indica l'origine soprannaturale del loro contenuto. Il miracolo già citato, la trasformazione dell'acqua in vino e i riferimenti fatti alla natura indicano che il miracolo, secondo il termine qui usato, ha relazione con un mutamento avvenuto nel mondo naturale e fisico. Alcuni parlano dell'essere salvati e santificati interamente come di un miracolo e da un certo punto di vista questo può essere vero, ed è il più grande dei miracoli.

Dio agisce immediatamente sulla personalità quando gli uomini sono salvati o santificati. Questo è un esempio del tipo più alto di attività soprannaturale. Nella presente trattazione, però, ci limitiamo a considerare l'intervento diretto divino nel modo visibile e naturale. Questo è il significato abituale del termine: Dio in aiuto all'umana necessità.

Come si può essere sicuri che quello che si ritiene un miracolo sia veramente tale? Su che cosa è basata le genuinità dei miracoli? I miracoli non possono evitare di essere spettacolari o sensazionali. Essi non possono evitare di attrarre l'attenzione su se stessi o su coloro che li compiono o ne sono, in apparenza, gli agenti immediati. Nondimeno, possiamo ritenerli non genuini quando sono compiuti solo per attrarre l'attenzione sulle

CAPITOLO CINQUE: LA BIBBIA

persone che li compiono. Il principale proposito di un miracolo genuino è quello che va oltre se stesso. In altre parole, esso è sempre un *mezzo* per uno *scopo*. Questo scopo può essere citato in due maniere - la rivelazione di Dio ed il sollievo dell'uomo dalle sue sofferenze umane. Dio rivela se stesso per mezzo dell'assistenza immediata che offre agli uomini intervenendo, sulla natura, a loro beneficio. Qualunque cosa viene compiuta per mezzo di miracoli deve essere degna di un Dio che sia onnipotente, onnisciente e sommamente buono. Una ragione per cui oggi succedano sono pochi miracoli è che Dio non ha grande fiducia negli uomini che dicono di adoperare questa grande e meravigliosa potenza; troppo facilmente si fanno risaltare i miracoli e chi li compie, perdendo di vista la rivelazione di Dio che offre aiuto al vero bisogno dell'uomo. In relazione a quanto detto, è importante osservare che il valore evidente dei miracoli è cosa secondaria. Essi non sono stati compiuti per provare che la rivelazione della Bibbia è rivelazione divina, ma la loro presenza nei racconti biblici sia una testimonianza in loro sostegno. Il loro scopo principale è di rivelare degnamente Dio e il Suo agire a favore degli uomini, in questo mondo.

Un altro aspetto dei miracoli (specialmente quelli che furono compiuti da Cristo) è il messaggio spirituale che essi comunicano. I cinquemila sfamati diedero l'occasione a Gesù di proporsi come *Pane di Vita* nel vangelo di Giovanni. Come aveva soddisfatto le loro necessità fisiche Egli sarebbe era il *Pane della Vita* per le loro anime affamate. Il miracolo rendeva il suo insegnamento più recepibile ed efficace (Giovanni 6). Gesù aprì gli occhi al cieco nato, ma quello non fu tutto perché era il segno certo che Egli è la *Luce del mondo* e può aprire gli occhi spirituali (Giovanni 9). Aprendo gli occhi fisici Egli poneva il fondamento dell'ulteriore maggiore verità che Egli è la *luce spirituale nel mondo*. Non vi è da meravigliarsi se il cieco, dopo che la sua vista fu sanata, divenne un credente e lo adorò. La sua vista spirituale era stata guarita ed egli era in condizione di vedere quello che è invisibile ed eterno. Cristo calmò la tempesta sul lago di Galilea e la barca in pericolo riposò sulle acque calme. Questo miracolo vuole affermare che l'anima tormentata dal peccato può essere acquetata da Gesù. Ciò è provato anche dal fatto che l'indemoniato fu liberato dalla tempesta che tormentava la sua anima (Marco 4,35; 5,21). I miracoli di Gesù erano quindi –parabole in azione che annunziavano al mondo la gloriosa verità che quello che Egli faceva in favore delle necessità materiali degli uomini poteva farlo anche spiritualmente.

Alcuni accettano i miracoli di Cristo e rifiutano di credere in quelli dell'Antico Testamento. In realtà, questa non è una procedura ragionevole perché lo stesso Dio dell'Antico Testamento è anche quello del Nuovo. Egli è lo stesso di ieri, oggi e in eterno. I miracoli di Mosè e di Aaronne, Giosuè, Elia ed Eliseo non debbono essere posti da una parte. Dio si rivelava per loro mezzo a favore del giusto e del buono. Neanche i miracoli dei discepoli di Cristo possono essere rifiutati. Dio operava per mezzo di Pietro, Stefano, Filippo e Paolo come pure tramite altri discepoli di Cristo. Essi non tennero la gloria solo per se stessi, ma furono pronti a riconoscere che la gloria apparteneva a Dio. Questi miracoli, come quelli dell'Antico Testamento, portano il contrassegno della genuinità; inoltre,

CAPITOLO CINQUE: LA BIBBIA

accogliendoli divengono occasione e motivo per porre in rilievo i miracoli di Gesù.

Essi sono un modello anche per tutti gli altri. Sono eccezionali sia nel numero che nella varietà. Cristo è il Maestro della natura e della natura umana. Egli trasformò l'acqua a suo potere sulla natura; oppure Egli poté calmare la febbre, aprire le orecchie, aprire gli occhi ai ciechi; fece camminare lo zoppo, guarì la mano paralitica, purificò i lebbrosi, risuscitò i morti manifestando così il Suo potere sopra la natura umana. Nessun'altra persona in esistita ha mai fatto quello che Egli fece. Egli, perciò, ha il diritto di proclamare « Io sono la risurrezione e la vita ». Un libro che ricorda tutte queste cose deve essere una rivelazione di Dio.

c) L'impareggiabile personalità di Gesù Cristo. Quanto abbiamo detto sui miracoli di Gesù, prova come la Bibbia sia la rivelazione di Dio. Questa conferma proviene dall'impareggiabile personalità di Gesù Cristo. Che grande persona fu Gesù Cristo quando camminò tra gli uomini! Nessuno parlò mai come Lui. Questo è vero nei riguardi del *modo* e del *metodo* come pure del *contenuto* di quello che diceva. Insegnava come avente autorità e non come gli Scribi ed i Farisei. Insieme al Suo metodo dobbiamo ricordare anche l'originalità dei Suoi comandamenti. Leggete il Sermone sul Monte o alcune delle Sue parabole e troverete un livello di pensiero che non è mai stato raggiunto da altri uomini. Pensate a quello che Egli disse di se stesso quando non esitò ad affermare: « Io sono la risurrezione e la vita », « Io sono il pane della vita », « Io sono la luce del mondo », « tutte le cose mi sono state date nelle mani dal Padre mio, e nessuno conosce il Figliuolo se non il Padre, e nessuno conosce il Padre se non il Figliuolo e colui al quale il Figliuolo vorrà rivelarlo». Malgrado queste Sue dichiarazioni, non si nota in Lui alcuna arroganza o aria di superiorità. Possiamo dire che fu la persona più umile che abbia camminato sulla faccia della terra! Egli poteva, senza essere imbarazzato, prendere la bacinella ed l'asciugamano e lavare i piedi ai Suoi discepoli. Tale procedura non gli era estranea. Inoltre, Egli ha sempre perdonato i peccati senza avere coscienza del peccato in se stesso. Questo Suo spirito di perdono era la manifestazione del Suo amore senza confronti e della Sua tenerezza; guardava alle folle come tante pecore senza pastore ed il Suo cuore fu pieno di compassione per loro. Questa era la Sua abituale relazione verso le persone che incontrava, poiché la maggior parte di loro era nel dolore.

Vi furono occasioni nelle quali Egli manifestò coraggio e severità. I farisei ipocriti suscitarono più di una volta il Suo risentimento e odio per il peccato; in quei casi, non esitava a dir loro in faccia la loro terribile condizione (Matteo 23). Non vi è stato mai il minimo indizio di paura in Lui.

Pur essendo uomo di dolore trovava il modo di manifestare la Sua socialità ed amicizia con la gioia che lo accompagnava. Come esempio, ricordiamo la Sua presenza alle nozze di Cana, la sua stretta amicizia con Lazzaro e le sue sorelle Marta e Maria.

La Bibbia è un libro centrato su Cristo. Il suo proposito principale è di presentare il Cristo redentore, la Sua Persona e la Sua opera. Questi temi innalzano la Bibbia oltre il livello degli altri libri. È il solo libro conosciuto dagli uomini che parli di una persona soprannaturale ed unica nel suo genere. Deve essere quindi un libro unico e soprannaturale.

4) Varietà ed armonia della Bibbia. Un'altra prova dell'origine divina della Bibbia è la sua varietà associata con la sua armonia ed il suo equilibrio. È stata scritta da un gran numero di persone in un periodo di molti secoli e tuttavia non vi sono incoerenze in essa. Nell'Antico Testamento vi sono leggi, storia, salmi o cantici, profezie, aforismi ed altre forme di letteratura sapienziale. Nel Nuovo Testamento è presente storia, epistole e profezia. Questi differenti tipi di letteratura possono essere suddivisi in sezioni che differiscono le une dalle altre e che soddisfano ogni facoltà della personalità umana: l'intelletto, la volontà e il sentimento. Qualsiasi esperienza della vita umana può trovare una sua collocazione in questo libro meraviglioso mai eguagliato per la sua varietà ed equilibrio. Certamente testimonia più che di una semplice abilità umana!

5) La testimonianza dello Spirito Santo. L'ultima prova dell'origine divina della Bibbia è offerta dalla testimonianza dello Spirito Santo. In effetti, l'uomo può affermare che Cristo è divino soltanto per l'aiuto dello Spirito Santo. « Nessun uomo può dire che Gesù è il Signore se non per lo Spirito Santo » (1 Corinzi 12,3). La medesima cosa è vera anche nei riguardi della Bibbia.

La prova finale e certa che la Bibbia sia la rivelazione di Dio è la testimonianza dello Spirito Santo resa nel cuore del credente Lo Spirito Santo è lo Spirito della verità e della rivelazione e per questo Egli può testimoniare della verità (Giovanni 14,17; 15,26). Inoltre, qualsiasi testimonianza dello Spirito Santo resa a Cristo e alla Sua opera è una testimonianza resa alla verità della Bibbia, perché il ricordo del Cristo divino e della Sua opera redentrice è presente nella Bibbia. Oltre alla testimonianza dello Spirito Santo, alla rigenerazione ed all'intera santificazione, vi è quella resa dal Cristo che visse e camminò tra gli uomini, morì sulla croce, risuscitò e ascese al Padre e ora vive per intercedere per noi. La Sua testimonianza a questi fatti è la Sua testimonianza dei racconti divini che si trovano nella Bibbia.

Ispirazione

Unitamente alla verità che la Bibbia è la rivelazione di Dio, o una comunicazione della verità da Dio agli uomini, troviamo il principio dell'ispirazione biblica. Quando si parla dell'ispirazione della Bibbia ci si riferisce all'aiuto di Dio accordato agli uomini, ricordando loro la verità che è stata loro comunicata. Da notare, che questi due termini - rivelazione ed ispirazione - sono così prossimi nel loro significato che la differenza non deve essere troppo accentuata. Come regola, uno implica l'altro. Questo è certamente il caso della Bibbia.

In che modo ha Dio aiutato gli uomini, ai quali sono state comunicate le verità della Bibbia, a ricercare quelle verità che sono divenute una regola di fede e di vita? La rivelazione di determinate verità non avrebbe avuto grande valore se gli uomini, nel tempo, non fossero stati aiutati a comprenderle. È stato evidenziato il fatto che Dio ha illuminato le menti degli uomini ispirati; seppur vero, ciò non ha molta relazione con l'evento della ispirazione. Infatti, si riferisce più alla rivelazione che all'ispirazione. L'illuminazione si riferisce ad una esperienza intensa del divino che si impossessa di una persona che viene posta in condizione di comprendere la verità rivelata o

CAPITOLO CINQUE: LA BIBBIA

comunicata. Ciò non è direttamente legato all'ispirazione, anche se, la rivelazione potrebbe avvenire prima ancora di una ispirazione o del ricordo del messaggio. *Rivelazione*: il messaggio viene dato; *illuminazione*: la mente è preparata a ricevere il messaggio. *Ispirazione*: l'individuo è assistito dallo Spinto Santo in modo che esso possa ricordare correttamente il messaggio. Conseguentemente, l'illuminazione non può essere ritenuta l'essenza dell'ispirazione. In altre parole, essa non è una teoria valida dell'ispirazione.

In seguito si possono considerare due categorie umane dell'ispirazione, precisamente, la teoria del *genio* e della *coscienza religiosa*. La prima di queste farebbe degli scrittori della Bibbia niente altro che dei *geni* religiosi. Essi possono ricordare le verità date loro, perché, per natura, ben disposti agli argomenti religiosi. Questo vorrebbe dire che la Bibbia non è più ispirata nel suo campo, di quanto non lo siano i lavori di Shakespeare nel campo della letteratura. La teoria della *coscienza religiosa* dell'ispirazione ritiene il ricordo della verità della Bibbia, il risultato di una esperienza religiosa non comune. Ciò non renderebbe la Bibbia un libro unico.

Queste due teorie umane dobbiamo, perciò, definirle come inadeguate. Esse danno molta importanza all'uomo, ma nessuna considerazione all'intervento speciale di Dio.

La terza teoria va all'altro estremo e pone ogni responsabilità dell'ispirazione su Dio: è la teoria meccanica, chiamata, a volte, *dettatura* o *ispirazione verbale*. Questa teoria ritiene che ogni parola della Bibbia sia stata dettata dallo Spirito Santo. L'uomo è stato uno strumento usato da Dio, come un essere umano può usare la sua penna per ricordare le sue parole. In questo caso, l'uomo, come persona, non ha nulla a che fare con la creazione della Bibbia. L'ultima teoria che menzioneremo è chiamata *teoria dinamica*. Essa ritiene che i pensieri degli scrittori della Bibbia siano stati così dominati dallo Spirito Santo che le verità da essi ricordate sono una regola infallibile di fede e di vita. È una teoria umano-divina perché non esclude l'elemento umano, e neppure quello divino. È una teoria valida e ragionevole, una spiegazione verosimile del modo in cui gli scrittori della Bibbia sono stati messi in grado di ricordare le verità loro comunicate.

Vi è un versetto molto importante nella Bibbia, riguardante l'ispirazione che non deve essere dimenticato. Si trova in 2 Timoteo 3,14-17 dove Paolo scrive a Timoteo della malvagità che si sarebbe trovata sulla terra negli ultimi giorni. Vi sarebbero state delle condizioni che avrebbero messo a dura prova gli uomini. Per questo motivo, Paolo termina il capitolo esortando Timoteo a mantenere fermamente le cose imparate nelle Sacre Scritture che lo hanno reso saggio riguardo alla salvezza che è in Cristo Gesù. Paolo conclude il suo discorso con queste parole significative: «Tutta la Scrittura è divinamente ispirata da Dio e utile ad insegnare, a riprendere, a correggere, a educare alla giustizia, affinché l'uomo di Dio sia compiuto appieno, fornito per ogni opera buona».

Osservazioni generali

Terminiamo questa trattazione sulla Bibbia con tre osservazioni generali, alle quali abbiamo già alluso nei capitoli precedenti. La prima di queste è che la Bibbia è un libro umano-divino. È un libro umano, perché fu scritto da uomini, per gli

CAPITOLO CINQUE: LA BIBBIA

uomini, concernente gli uomini. Uomini dalle passioni come le nostre — Mosè, Giosuè, Samuele, Davide, Elia, Paolo, Giovanni e Pietro — si presentano davanti a noi in questo libro. È anche un libro umano perché è scritto avendo in vista le particolari necessità dell'uomo per il suo vero bene. Quindi la Bibbia è un libro umano, ma soprattutto, è un libro divino. Dio, per mezzo dello Spirito Santo, ha compilato quanto è ritenuto il *Libro dei libri*. La Bibbia in nostro possesso oggi, è stata ispirata come nessun altro libro è stato ispirato o sarà mai ispirato. È diversa dagli altri libri, sia nel grado che nel genere, è un libro unico, come Cristo è una persona unica.

La seconda osservazione generale è questa: la Bibbia non è un libro religioso come ve ne sono altri nelle religioni del mondo. Non è neanche *un* libro sulla religione cristiana ma *il* libro della religione cristiana e la religione cristiana è l'unica vera religione. Così nella Bibbia abbiamo la parola definitiva nei riguardi della vera religione. Se uno vuole seguire i suoi insegnamenti è sicuro che sarà messo in grado di raggiungere il bene più alto della vita.

La terza ed ultima osservazione pone l'accento sul fatto che la Bibbia, per avere un certo valore, dev'essere un libro vivente per noi. Vi sono alcuni che, pur mantenendosi nella perfetta ortodossia riguardo all'ispirazione biblica, non danno grande rilevanza a quanto la Bibbia dica loro, anzi non la ascoltano per niente. Una fede teorica perfetta non è sufficiente né a voi e neanche a me. Se vogliamo avere una Bibbia di grande valore spirituale, ciò che necessitiamo è possedere lo Spirito Santo ed essere in grado di avere comunione con Lui. Le parole della Bibbia sono morte finché non siaono vivificate dalla presenza e

FONDAMENTI DI FEDE CRISTIANA

dall'attività dello Spirito Santo. La Bibbia, per essere dinamica, e quindi utile, deve essere un libro vivente e può essere un libro vivente solo se lo Spirito Santo gli dà vita.

CAPITOLO SEI
Il Futuro

L'Immortalità dell'anima

La prima considerazione da fare, quando cominciamo a scrutare il futuro, riguarda l'immortalità dell'anima. Se ve ne è una, di che natura è? O in altre parole, che cosa intendiamo per immortalità dell'anima? L'immortalità di cui parliamo è personale e non meccanica. Gli uomini non continuano a vivere per sempre come semplici automi. L'immortalità non è una esistenza infinita basata sulla nozione scientifica che qualsiasi materia è indistruttibile. Per poter essere –personale l'immortalità deve essere *cosciente* e non *incosciente*. Inoltre deve essere *cosciente a se stessa*. Non solo noi dobbiamo esserne consapevoli, ma dobbiamo anche essere certi di poter avere una esperienza cosciente. Questa concezione della immortalità esclude il rischio di ridurla a quanto viene definita *immortalità sociale*, intesa come immortalità del proprio agire personale per cui, ciò che permarrebbe nel futuro, non sarebbe altro che la memoria di ciò che si è fatto. Una persona muore, ma le sue opere continuerebbero a benedire o a maledire il mondo. Certamente, vi è una tale influenza, ma non è la sola maniera di vita che si manifesta nel futuro. Al di sopra ed al di là di questo tipo di immortalità, vi è quella dell'individuo che continuerà ad esistere sempre come individuo.

Quali argomenti vi sono in favore all'immortalità dell'anima? Una cosa è presentare la natura dell'immortalità dell'anima e un'altra è provare l'immortalità dell'anima definendola come una realtà concreta. Io ritengo che vi siano argomenti eccellenti a favore della immortalità personale dell'anima.

Innanzitutto, vi è il *desiderio universale dell'immortalità*. Non solo i cristiani, nei paesi cristiani, desiderano vivere dopo la morte, ma anche coloro che vivono in luoghi non cristiani hanno lo stesso desiderio. Non solo gli uomini di questo tempo desiderano l'immortalità, ma uomini di ogni età sono sempre stati grandemente interessati ad essa. Certamente, si deve ammettere che il desiderio non implica necessariamente che la cosa desiderata debba essere reale. Tuttavia, sarebbe molto strano pensare che gli uomini desiderino universalmente l'immortalità senza avere alcuna possibilità di soddisfare questo loro ardente desiderio.

Un altro fatto che avvalora la tesi dell'immortalità dell'anima e *l'ingiustizia di questa vita*. Noi sappiamo che il mondo non è un mondo giusto. Troppo spesso il malvagio fiorisce, mentre il giusto soffre ed è oppresso dalla povertà. Troppo spesso il delitto rimane impunito. Un avvocato dichiarò che talvolta si vincono cause che, dovevano esser perse e si perdono delle cause che avrebbero dovuto esser vinte. Certo, questo non deve essere preso come scontato, tuttavia, quanto egli diceva poneva l'accento sul fatto che non sempre si ottiene giustizia in questa vita.

Stando così le cose, vi deve essere un futuro nel quale si troverà l'equilibrio e nel quale le ineguaglianze della vita saranno rettificate. A questo si riferiscono certamente le parole dette al ricco, della parabola, e a Lazzaro: «Abramo disse: Figliuolo, ricordati che tu, nel mondo precedente hai avuto i beni, e

CAPITOLO SEI: IL FUTURO

Lazzaro i mali, ma ora egli è consolato e tu sei tormentato» (Luca 16,25).

Legato all'argomento delle ineguaglianze della vita troviamo quello che ritiene l'immortalità *essenziale alla moralità*. Quale significato può avere la coscienza coi suoi richiami se questa vita e tutte le sue ingiustizie fossero definitive? Perché parlare di dovere e di virtù se il mondo nel quale viviamo è di questa specie? L'agire morale ha ragione di esistere solo per la fede nell'immortalità. Altrimenti il motto dovrebbe essere questo: «Mangia, bevi, rallegrati, perché domani tu morirai».

Un altro punto importante in favore dell'immortalità è quello che viene dal riconoscimento che *questa vita non è sufficiente* per realizzare tutte le meravigliose capacità della personalità umana. Stranamente, quando l'uomo ha raggiunto la sua prima manifestazione e la mente è pronta a funzionare nel suo modo migliore, il corpo incomincia a disintegrarsi. Alcuni anni fa Henry Bergson, il famoso filosofo francese, disse che due cose dal punto di vista dello scienziato debbono essere stabilite scientificamente prima che l'immortalità possa essere accettata. Esse sono le seguenti: prima di tutto deve essere dimostrato che l'anima può esistere senza il corpo e secondo che le sue possibilità non sono esaurite in questa vita. Egli, molto cautamente, asseriva che un certo progresso è stato fatto su questi due punti e noi menzioniamo questo frammento d'informazione del pensatore francese, solo per il fatto che egli accenna, in secondo luogo, all'importanza delle capacità dell'uomo che, con ogni probabilità, non potranno mai raggiungere il loro massimo in questo mondo. Questo è un dato accolto, seppur con precauzione, anche dagli stessi scienziati. Le capacità dell'uomo non si esauriscono nel loro breve soggiorno in questo mondo, quindi, vi deve essere una vita oltre questa, nella quale gli uomini potranno sviluppare pienamente le capacità delle quali essi sono riccamente forniti.

La riflessione sulle capacità dell'uomo ci conduce al pensiero della sua *personalità* nella sua completezza. La dignità ed il valore della personalità richiede la sua immortalità. Benché il peccato l'abbia rovinata, rimane ancora in essa una certa dose di gloria primitiva da prendere in dovuta considerazione. L'immagine di Dio non è mai stata interamente distrutta nell'uomo per cui non ci meravigliano le parole di Shakespeare che dice: « quale opera meravigliosa è l'uomo; come è nobile la sua ragione. Quante infinite facoltà! In forma e in movimento, quanto è ammirevole. Quando agisce è simile ad un angelo! Nel suo intendimento e simile ad un dio! » Nessuna meraviglia che il salmista dichiari: « Che cosa e l'uomo che tu abbia cura di Lui? Ed il figlio dell'uomo che tu lo visiti? Tu l'hai fatto poco minor degli angeli e l'hai coronato di gloria e di onore! » (Salmi 8,4 e 5) Non ci meraviglia affatto che Dio abbia intravvisto grandi possibilità nell'uomo, anche dopo aver commesso il peccato, da dare —il suo Unigenito Figliuolo, affinché chiunque creda in Lui non perisca, ma abbia vita eterna! È evidente come la personalità umana abbia sia dignità che onore e ciò quasi obbligatoriamente richiede che la morte non sia la sua fine. Il Creatore di una creatura così importante non può condannarla ad una breve esistenza e ad un decadimento entro i limiti di una breve vita terrena.

Nel passato vi furono pochissimi scienziati, ed anche oggi ve ne sono alcuni, che disprezzavano l'idea dell'immortalità

CAPITOLO SEI: IL FUTURO

dell'uomo in un universo così vasto come rivelatoci dall'astronomia. Questa situazione è stata così descritta: la scienza afferma che la Via Lattea è un insieme straordinario di stelle, da dieci bilioni ad un trilione e vi sono migliaia di questi raggruppamenti di stelle nel cielo sopra di noi; il microscopio ci presenta alcune piccole porzioni dell'universo che l'occhio non riesce a vedere. La terra sembra quasi una piccola macchia sperduta nello spazio, una goccia d'acqua nell'oceano, un granello di sabbia sulla spiaggia del mare. Paragonata all'universo, la terra, la casa dell'uomo, è come un granello di sabbia. Perché dunque, dovrebbe questo pezzettino di terra, aspettare che i suoi abitanti divengano figli del Dio infinito e vivere nell'universo, e, persino per sempre? Questa sarebbe la risposta: —La vastità dell'universo è illuminata dalla personalità umana. Iddio s'interessa della qualità come della quantità. Lo scienziato che misura le stelle è più grande delle stelle. La mente, con la sua volontà direttiva, va al di la dei raggruppamenti di stelle ed è più grande di loro. Più vasto è l'universo più vasta e la mente dell'uomo e più vale il suo intelletto. L'uomo che osserva per mezzo del telescopio è più degli spazi attraverso i quali il suo pensiero viaggia e più delle masse che egli misura e pesa. Più vasto è l'universo e più chiara e plausibile è l'immortalità degli esseri che possono pensare ad un tale universo. Non c'è, inoltre, da aspettarsi che un tale essere debba vivere sempre con Colui che ha formato quelle cose, delle cui meraviglie egli già partecipa ed in cui è nato e vive? Ciò che conta, presso Dio, è la qualità. Il diamante che tu puoi tenere tra il pollice e l'indice ha più valore di una dozzina di tonnellate di carbone, o di cento poderi; e il nostro cervello è più significativo di un milione di soli! Dobbiamo altresì dire che la personalità è molto più grande del cervello che usa. La vastità e le meraviglie dell'universo fisico rivelateci nel tempo moderno aggiungono, e non detraggono, dignità e onore alla personalità umana, e cioè esige l'immortalità.

Si può aggiungere ancora un'altra prova per l'immortalità dell'anima. Alcuni la ritengono la prova più importante di tutte: parliamo della bontà di Dio. Un Dio buono non può fare altro che preservare la personalità umana; la sua creazione più alta creazione, questa personalità, è anche il centro di tutto ciò che è degno. Non vi è nulla di veramente valido se non quello che è in relazione con la personalità e Dio non potrebbe essere buono e poi sbagliare non preservando ciò che veramente vale. Vi è ancora un altro modo di presentare questo argomento. Se vi fosse un universo senza un Dio come sua sorgente, si potrebbe anche ignorare la personalità umana. Non vi sarebbe posto che per la forza cieca e non vi sarebbe spazio alcuno per la bellezza e la bontà, per i grandi valori morali e spirituali - valori che possono risiedere solo nella personalità. L'immortalità dell'uomo in un tale universo — se si può concepire un'esistenza a tali condizioni — sarebbe una nozione impossibile. Perché dovrebbe l'uomo vivere e conservare la verità e bellezza e la bontà in un universo che non dà alcun valore a queste cose? D'altra parte, come può la personalità finita, deposito di valori morali e spirituali, essere creata e perire in un universo creato e conservato da una persona infinita che è supremamente interessata a preservare tali valori?

La risurrezione di Gesù Cristo che ci viene presentata in modo ragionevole dai vangeli e dalle epistole, è una evidenza

CAPITOLO SEI: IL FUTURO

conclusiva della immortalità dei cristiani. La dichiarazione classica di questa verità si trova in 1 Corinzi 15,3-23 e 55-58. Colui che ha vinto la morte per se stesso può certamente conquistarla anche per coloro che hanno affidato la loro vita alle Sue mani. Lo Spirito che ha risuscitato Cristo, risusciterà anche noi (Romani 8,11; 2 Corinzi 4,14). Inoltre, riteniamo che Colui che ha ravvivato i nostri spiriti, i quali erano morti negli errori e nei peccati, può risvegliare anche i nostri corpi mortali.

2) LA SECONDA VENUTA DI GESÙ CRISTO

Gesù Cristo ritornerà sulla terra. La sua prima venuta fu nell'umiliazione; Egli venne a morire per i peccatori, ma il Suo ritorno sarà in trionfo e gloria. Il Vangelo di Marco presenta questa verità così: « Ed essi vedranno il Figliol dell'uomo venire nelle nuvole del Cielo con potenza e gloria » (13,26. Vd. anche Matteo 24,20 e Luca 21,27). Quando Cristo ascese al Cielo, apparvero due angeli, messaggeri celesti, i quali confortarono coloro che guardavano in su con queste parole: « Uomini Galilei, perché guardate verso il Cielo? » (Atti 1,11). La seconda venuta del Signore stava a cuore all'apostolo Paolo. Era il tema principale riguardante il futuro (2 Tessalonicesi 4,16 e 18). In questi versetti abbiamo una delle indicazioni più significative. Essi dicono quanto segue: « poiché il Signore stesso discenderà dal Cielo, con un grido, con voce di arcangelo, con la tromba di Dio, ed i morti in Cristo risusciteranno primieramente, poi, noi viventi, che saremo rimasti sino alla venuta del Signore, saremo insieme a loro rapiti nelle nuvole; e così saremo con il Signore. Consolatevi gli uni gli altri con queste parole ». Nell'Apocalisse leggiamo: « Ed ecco, Io vengo tosto; e il mio premio è meco, per rendere a ciascuno secondo l'opera sua »

(Apocalisse 22,12). Questi passi mettono in evidenza la certezza del ritorno del Signore. Essi insegnano altresì che il Suo ritorno sarà visibile e personale.

Noi non sappiamo quando Gesù ritornerà sulla terra; Gesù stesso ha insegnato che solo il Padre lo sa: —Ma in quanto al giorno, all'ora, nessuno la sa, neppure gli angeli che sono nei Cieli, neppure il Figliolo, ma il Padre » (Marco 13.32; vd. anche Matteo 24,36). Il futuro è nelle mani di Dio e Gesù ci mette in guardia sulla conoscenza di queste cose. Quando i suoi seguaci gli posero delle domande sul futuro e sul Regno d'Israele, Gesù rispose loro: « Non è da voi di conoscere i tempi e le stagioni le quali il Padre ha posto nella sua propria potestà » (Atti 1,7). Vi sono segni della sua venuta, ma una conoscenza esatta del tempo non è per la mente umana.

Benché la Bibbia non dica il tempo esatto della seconda venuta di Gesù, essa insegna che la sua venuta è imminente. Riguardo alla seconda venuta di Gesù, una costante attesa caratterizza gli scrittori del Nuovo Testamento. Essi erano sempre attenti all'imminenza del ritorno di Cristo e questo dovrebbe essere l'atteggiamento di tutti i veri discepoli di ogni tempo. Dovrebbero guardare il Cielo nella speranza che il loro Maestro ritorni in ogni possibile momento.

Le molte esortazioni all'attesa vigile per i discepoli di Cristo sono in armonia con la verità della imminenza del suo ritorno. Se è imminente, dobbiamo vegliare: « vegliate adunque, poiché voi non sapete il giorno e l'ora nella quale il Figliolo dell'uomo verrà » (Matteo 24,42). « Vegliate adunque, poiché voi non sapete quando verrà il vostro Maestro, a mezzanotte, al cantar del gallo o alla mattina: affinché Egli venga e non vi trovi

CAPITOLO SEI: IL FUTURO

addormentati. Quello che dico a voi lo dico a tutti: Vegliate » (Marco 13,35-37).

Insieme all'idea della vigilanza vi è quella della preparazione: « Siate pronti, perché nell'ora che voi non pensate, il Figliuol dell'uomo verrà » (Matteo 24,44). La venuta del Maestro sarà improvvisa, come un lampo, « il quale viene dal levante e va verso ponente » (Matteo 24-27), e quelli che lo seguono devono essere pronti. Essi non devono permettere che l'alba li trovi impreparati (Luca 21,34). La parabola delle dieci vergini ci presenta questa verità in termini vivaci. Alla mezzanotte viene annunziata la venuta dello Sposo. Le cinque vergini savie si destano e vanno ad incontrarlo; avevano l'olio nelle loro lampade e andarono fuori. Le vergini stolte, invece, in fretta e furia andarono a comprare l'olio, ma la porta venne chiusa poiché non erano pronte per la venuta del loro Signore. Possiamo studiare quanto vogliamo i dettagli e le strane interpretazioni di questa parabola, ma la sua verità palese è che alcune vergini furano pronte, altre no.

Come possiamo essere sicuri di essere pronti per la venuta del Signore? Solo mediante l'attesa vigilante? Alcuni credono così ma, altri, pensano, piuttosto ad un'attesa operante. Mentre aspettiamo il Suo ritorno dobbiamo agire, perché altri ancora possano essere pronti quando Egli ritornerà. Dobbiamo, inoltre, essere cristiani ogni giorno se vogliamo essere pronti quando verrà, e, quindi, essere attivi mentre aspettiamo il Suo ritorno. L'espressione cristiana è essenziale, ma la più alta esperienza cristiana non è soltanto un punto di arrivo. È bene attraversare il Giordano e mettere i piedi sulla Terra promessa, Canaan, ma non dobbiamo fermarci se vogliamo essere pronti per il ritorno del Signore. Dobbiamo andare nelle contrade montagnose e conquistare nuovo territorio.

Il pensiero dell'imminente ritorno del Signore è adoperato dagli scrittori del Nuovo Testamento come uno stimolo ad un tipo più alto di esperienza cristiana. Pietro, dopo aver detto che il Signore non ritarda l'adempimento della Sua promessa, pronuncia queste parole: « Il giorno del Signore verrà come un ladro di notte, in esso i cieli passeranno stridendo, gli elementi infiammati si dissolveranno, la terra e le opere che sono in essa saranno distrutte. Sapendo che queste cose debbono essere dissolte, dobbiamo essere persone che trascorrono il tempo in sante conversazioni ed opere di pietà » (2 Pietro 3,10-11). Giacomo scrive « Siate dunque pazienti, stabilite i vostri cuori, poiché la venuta del Signore è vicina » (5,8). Pietro presenta il ritorno del Signore come motivo di sante conversazioni ed opere di pietà; Giacomo lo usa per ispirare la pazienza e la fortificazione dei nostri cuori. Paolo comincia la sua Apocalisse (2 Tessalonicesi 2,1-2) con queste significanti parole: « Vi prego, fratelli, per la venuta del Signore Gesù Cristo ». Nonostante la base di questa esortazione sia la seconda venuta del Signore, nel terzo capitolo della prima ai Tessalonicesi abbiamo questa benedizione: « Ora, Iddio stesso, il nostro Padre, ed il nostro Signore Gesù Cristo, diriga la nostra via sino a voi. Ed il Signore vi faccia crescere, abbondare nell'amore gli uni verso gli altri, e verso tutti gli uomini, e verso voi stessi, come voi fate: Affinché voi siate stabiliti nei vostri cuori in santità davanti a Dio, per la venuta del nostro Signore Gesù Cristo con tutti i suoi santi » (3,11-13).

CAPITOLO SEI: IL FUTURO

Un altro passo molto importante di Paolo si trova in 1 Tessalonicesi 5,23: «L'Iddio della pace vi santifichi interamente; e preservi i vostri corpi e le vostre anime senza biasimo, per la venuta del Signore Gesù Cristo». Il duplice tema della prima epistola di Paolo alla chiesa dei Tessalonicesi è la santità e la seconda venuta del Signore. Il pensiero e la speranza della seconda sospinge alla ricerca della prima nella esperienza personale e nella vita pubblica, mentre la prima è una preparazione speciale per la seconda. «Chi ascenderà sulla montagna del Signore? Chi arriverà nel luogo santo? Colui che ha le mani ed il cuore puro». La venuta di Cristo in gloria e potenza è simbolo del trionfo finale del cristianesimo. L'Apocalisse di Giovanni, che tratta molto della seconda venuta del Signore, parla di un conflitto che terminerà con una gloriosa vittoria. Uno scrittore ha racchiuso il messaggio dell'Apocalisse in queste parole: «Il libro è un quadro della chiesa perseguitata, una profezia della sua certa liberazione, mediante il suo Redentore celeste, una descrizione della supremazia e del trionfo di Cristo sopra ogni Suo nemico e la gloria che spetta ai Suoi discepoli fedeli». La venuta di Cristo significa la vittoria e la gloria per Lui e per la Sua chiesa.

La morte fisica, la risurrezione corporale, ed il giudizio

Altri tre temi debbono essere menzionati in relazione al nostro studio sul futuro prima di trattare l'Inferno ed il Paradiso. Il primo è la morte fisica. Essa è universale ed è il risultato del peccato. È la punizione del peccato. Il secondo è quello che insegna la Bibbia, cioè una risurrezione corporale e non solo spirituale. Terzo, vi sarà un Giudizio, dove individualmente saremo ricompensati o puniti.

L'Inferno

La Bibbia insegna che vi è un Inferno. I passi seguenti lo provano. Nella scena del Giudizio (Matteo 25,31-46), Gesù dice: « Dipartitevi da me, voi maledetti, nel fuoco eterno, preparato per il Diavolo e per i suoi Angeli ». Un'altra citazione che colpisce, sempre dalle parole di Gesù, è la seguente: « Ma i figli del Regno saranno gettati nelle tenebre di fuori, ivi sarà il pianto e lo stridere dei denti ». A questi due passi, ne aggiungiamo uno ancora, espresso anch'esso da Gesù, che sembra essere il più terribile di tutta la Bibbia. L'inferno è descritto come un fuoco inestinguibile, dove il verme loro non muore ed il fuoco non si spegne » (Marco 9,43-48). Questa tremenda parola è ricordata tre volte. Ci è persino consigliato che sarebbe meglio per noi entrare nella vita mutilati che rimanere sani ed essere gettati nell'inferno. Per quelli che non conoscono Dio e non ubbidiscono all'evangelo di Gesù Cristo, Paolo scrive: « I quali saranno puniti di eterna distruzione, respinti dalla presenza del Signore e dalla Gloria della Sua possanza » (2 Tessalonicesi 1,9). Giovanni scrive quanto segue riguardo al destino finale dei malvagi: « Ma i timidi, gli increduli, gli abominevoli, gli omicidi, i falsari, gli stregoni, gli idolatri, i mendaci, avranno la loro parte nello stagno ardente di fuoco e di zolfo, il quale è la morte seconda » (Apocalisse 21,8). Questi non sono che pochi passi i quali possono essere direttamente o indirettamente citati per provare che vi è un inferno.

CAPITOLO SEI: IL FUTURO

Le scritture che abbiamo presentato insegnano che i malvagi, gl'impenitenti finali, andranno all'inferno. La loro condizione nell'inferno sarà di intensa sofferenza, fisica e mentale. La storia dell'uomo ricco, come i passi biblici già citati, ce lo insegna. Egli soffriva fisicamente, non vi era acqua per estinguere la sua sete, e soffriva mentalmente - la sua memoria era viva; era cosciente dell'abisso profondo tra lui e Dio. Soffriva per i suoi fratelli che sarebbero certamente andati in quel luogo di tormento. C'è chi sottovaluta questa parte dicendo che è soltanto una parabola: quella del ricco e di Lazzaro. In questo modo, però, si rende l'inferno ancora peggiore di quello che è, facendo di quel racconto una semplice parabola. Le parole illustrano la realtà e se le realtà che esse presentano sono cattive, saranno certamente peggiori della loro stessa presentazione. Le sofferenze che il malvagio deve sopportare nell'inferno saranno infinite. C'è ancora chi dice che i malvagi saranno annichiliti, tolti dall'esistenza. Essi basano le loro prove largamente sulle parole *morte, perdizione, distruggere, distruzione* e *perduto*. Ma queste parole nella Bibbia, quando riferite al futuro dei malvagi, non vogliono mai dire annichilimento. La morte nelle Scritture significa assenza di vita, e se la si applica all'anima vuole dire ―assenza della comunione con Dio. Perdizione intende lo stato morale risultante dalla separazione da Dio e dalla sua santità. Distruzione significa rendere inoperante, mentre il termine ―perduto significa ―separato da Dio senza possibilità o potenza di riappacificarsi.

Ancora, se il termine ―eterno, quando applicato a Dio (Romani 16,22; Ebrei 9,14), ed allo stato dei giusti, (Matteo 25,46; 2 Corinzi 4,17; Ebrei 5,9), significa ―senza fine, non si vede alcuna ragione per cui esso non debba significare la stessa cosa quando viene adoperato in relazione alla sorte dei malvagi, insieme alla parola –punizione e –distruzione (Matteo 25,46; 2 Tessalonicesi 1,9). Inoltre, Gesù dice che «il loro verme non muore» e «il fuoco non si spegne» (Marco 9,43 e 48). Egli condivide il pensiero di coloro che dicono che la punizione dei malvagi è infinita, e questo ci basta. La sua autorità è quella finale. L'immortalità è connaturata all'uomo e i malvagi vivranno sempre come coloro che hanno scelto Cristo. Quindi, le loro sofferenze saranno infinite, come la gioia e la gloria dei giusti sarà ugualmente infinita.

Ricordatevi che l'inferno è stato creato dal peccato e non da Dio. Non vi sarebbe l'inferno se non vi fossero il peccato ed i peccatori. Questo annulla la teoria che Dio è troppo buono perché vi sia un inferno. Inoltre, quelli che credono che l'inferno sia una punizione troppo severa per chi rifiuta Cristo, dovrebbero ricordare quale prezzo è stato pagato dal Dio Trino per la redenzione degli uomini. Non vi è peccato simile a quello del rifiuto di Cristo perché la possibilità di salvezza è costata un caro prezzo sia a Gesù che all'intera divinità.

Benché la sorte dei malvagi sarà una sofferenza senza fine, le loro condizioni saranno varie e di grado diverso. Il Giudice di tutta la terra opererà rettamente. Non vi sarà ingiustizia su questo punto. Il grado della luce che gli uomini posseggono, il grado di fedeltà alla luce, l'uso delle opportunità e potere per cui essi sono stati benedetti, le circostanze della vita in cui essi hanno vissuto, cioè ogni fatto relativo alla loro personale responsabilità sarà preso in considerazione. Ne consegue che non tutti i malvagi soffriranno lo stesso grado di punizione. Alcune prove scritturali a questo riguardo sono: Alcuni servitori saranno battuti di molte battiture, mentre altri saranno battuti di poche battiture (Luca 12,47 e 48); alcune città che nel giorno del Giudizio si troveranno in condizioni migliori di altre (Matteo 11,21 e 24); ogni uomo sarà giudicato secondo le sue opere (Romani 2,12). Questa verità è certamente insegnata nella Bibbia, ma la sua piena comprensione non può essere raggiunta dagli uomini sulla terra.

Il Cielo

La Bibbia insegna che vi è un Cielo. I seguenti passi lo provano. Gesù dice: « Io vo a preparare un luogo per voi » (Giovanni 14,2). Giovanni chiama questo luogo la —santa città, la —nuova Gerusalemme (Apocalisse 21,2). Questo luogo è altresì caratterizzato dal fatto che —quivi non vi sarà più notte ». La città non ha bisogno di sole, né della luna, per illuminarla: « poiché la Gloria di Dio la illuminerà e l'Agnello è la sua luce »; « ed in essa non vi entrerà nulla che contamini, neppure coloro che operano le abominazioni, o mentono, ma quelli che sono scritti nel Libro della Vita dell'Agnello »; « e non vi sarà più maledizione: ma il trono di Dio e dell'Agnello saranno in essa; ed i Suoi servitori lo serviranno »; « e Dio asciugherà ogni lacrima dagli occhi loro e la morte non sarà più, né pianto, né grido, né travaglio perché le cose di prima sono passate » (Apocalisse 21,22).

Le Scritture che abbiamo presentato insegnano che i giusti, i cui nomi sono scritti nel Libro della Vita, andranno in Cielo dove rimarranno eternamente. Il loro soggiorno nella città santa sarà eterno.

Le molteplici benedizioni nel Cielo. Queste sono indicate nelle Scritture già citate. La vita non solo sarà infinita nella durata, ma anche nella qualità. Le conquiste della scienza medica sono state veramente meravigliose. Le sue frontiere vengono di continuo superate. Nondimeno la malattia non è stata ancora abolita ed i medici hanno ancora molto lavoro da fare. Ma nel Cielo non sarà così. Quivi non vi saranno più dolori (malattie, infermità). Il contagio del Cielo sarà la salute. Le sue forze cavalcheranno sulla brezza e dimoreranno negli elementi. Le foglie dell'albero della vita dispenseranno la salute.

La malattia porta la morte, ma in cielo dove non vi saranno più malattie, non vi sarà più morte. Che grande conforto per chi vive, oggi, sulla terra di morte! Una leggenda orientale narra di una donna che cercava una manciata di riso in una casa dove la morte non era mai entrata. Non ebbe difficoltà a trovarlo, ma quando domandava se i componenti della famiglia fossero tutti presenti, padre, madre e i figli, le persone rispondevano scuotendo la testa, tutte nello stesso modo, con sospiri e gemiti, dicendo che vi era qualcuno mancante all'appello.

La morte è la cosa più comune sulla terra ma il suo soggiorno, prima o poi, terminerà. Non vi saranno tombe sulle colline della Gloria. Una giovinezza vivida e immortale sarà nostra eredità nella Gloria, nella città dalle perle bianche.

Oh! beati su nel cielo
quei che il Padre a Sé ne prese!
Non più temono l'offese
della morte e dell'error.
Per noi pure l'ora viene
o fratelli, andrem con essi.

CAPITOLO SEI: IL FUTURO

Ognun creda, ognun confessi,
esser Cristo il Salvator.

Il dolore e il turbamento, prevalgono in questo mondo. Un marito e padre, che ha lavorato duramente per provvedere al sostentamento della propria famiglia, perde il lavoro per cause impreviste. Le proprie ambizioni non possono essere più realizzate. Quali sofferenze mentali lo tormenteranno mentre condurrà una povera esistenza insieme alla sua famiglia! Oppure, una madre viene a trovarsi improvvisamente sola con i suoi figli in giovane età. Chi può misurare il suo dolore? Vi è una madre che ha un figlio prodigo o una figlia della quale non ha avuto notizie da anni. Il suo cuore è addolorato giorno e notte, da anni. Vi sono anche coloro che portano pesi troppo pesanti e seri per essere menzionati.

Nel Cielo non vi è notte. La notte suggerisce il pensiero del riposo che non è necessario nella Città di Dio. Non vi sarà noia. Le tenebre, che rappresentano il peccato, scompariranno ed una terra senza tenebre è un luogo senza peccato. Qualsiasi tipo di peccato è escluso dal Cielo.

Un paese nel quale non vi è malattia, morte, dolore, noia e peccato deve essere un paese senza nubi. Questo vuole dire che non vi s-ranno più disastri o catastrofi. Cicloni, diluvi, eruzioni vulcaniche, terremoti, tempeste, guerre e simili calamità saranno fuori dalla Santa Città. Nessuna meraviglia se i nostri padri e le nostre madri hanno cantato:

Son straniero in questa terra
sta la Patria mio nel ciel!
Questo mondo mi fa guerra

> *sta la Patria mia nel ciel.*
> *E pericoli e dolore*
> *mi circondano quaggiù;*
> *la mia parola è col Signore*
> *sta la Patria mia nel ciel.*

Fino ad ora abbiamo parlato di un Paradiso nel quale vi sono tali cose. Ampliamo ancora questa visione del Cielo che sarà una terra di salute, con una vita senza fine, di perenne e attiva energia, di continua azione e senza alcuna noia. Una terra di luce infinita, di giustizia e progresso. Nel Cielo noi saremo simili a Gesù Cristo, nostro Salvatore, perché lo vedremo come Egli è. Quivi ci saranno rivelati i misteri di questa vita. Noi non vedremo più attraverso uno specchio oscuro ma conosceremo come siamo stati appieno conosciuti. Il Cielo ci porterà un tempo di benedetta riunione e comunione. Incontreremo i nostri cari, gli amici, ed i santi di tutte le età, ma, ancor più bello, incontreremo il nostro Salvatore. Lo vedremo faccia a faccia e questa comunione con Lui e con gli altri sarà infinita.

> *Qual gran tesoro al di là dell'azzurro,*
> *In quella terra di vita e virtù*
> *Sarà gran gioia; canteremo la vittoria;*
> *ed in eterno godremo lassù.*

Vi sono gradi di ricompense nel Cielo come nelle punizioni dell'inferno. Nella parabola dei talenti ogni servitore riceve secondo le sue capacità (Matteo 25,14-30). La parabola delle mine suggerisce il medesimo pensiero (Luca 19,12-27). Paolo ci parla dell'uomo la cui opera verrà bruciata, « ma egli stesso sarà salvato; come per il fuoco » (1 Corinzi 3,15). Quivi sarà

CAPITOLO SEI: IL FUTURO

pienezza di gioia, ma non tutti avranno le stesse capacità. La nostra capacita dipenderà dalla nostra lealtà che, oggi, abbiamo verso Cristo.

www.ingramcontent.com/pod-product-compliance
Lightning Source LLC
Chambersburg PA
CBHW031450040426
42444CB00007B/1037